IP 知识产权专题研究书系

权利限制与数字技术

——著作权合理使用制度的变革

刘劭君 著

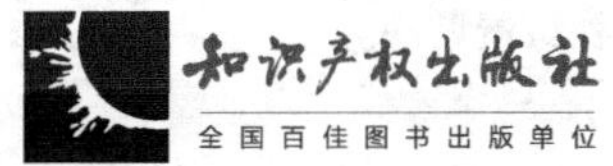

图书在版编目（CIP）数据

权利限制与数字技术：著作权合理使用制度的变革/刘劭君著. —北京：知识产权出版社，2019.1（2022.3重印）

ISBN 978-7-5130-5955-8

Ⅰ.①权… Ⅱ.①刘… Ⅲ.①数字技术—应用—著作权—研究—中国 Ⅳ.①D923.414

中国版本图书馆 CIP 数据核字（2018）第 267071 号

内容简介

本书重点讨论由数字技术带来的作品传播方式的改变对著作权合理使用制度的挑战，主要通过利益平衡的视角来论证“技术变化必将带来的制度变化”的必要，希望通过更深入地探讨合理使用的本质和功能，重新定位合理使用制度，为我国著作权权利限制制度的体系设计提出更好的方案。

责任编辑：王玉茂　　**责任校对**：谷　洋

封面设计：韩建文　　**责任印制**：刘译文

权利限制与数字技术

——著作权合理使用制度的变革

刘劭君　著

出版发行：知识产权出版社有限责任公司	**网　　址**：http：//www.ipph.cn
社　　址：北京市海淀区气象路50号院	**邮　　编**：100081
责编电话：010－82000860转8541	**责编邮箱**：wangyumao@cnipr.com
发行电话：010－82000860转8101/8102	**发行传真**：010－82000893/82005070/82000270
印　　刷：北京建宏印刷有限公司	**经　　销**：新华书店、各大网上书店及相关专业书店
开　　本：880mm×1230mm　1/32	**印　　张**：5
版　　次：2019年1月第1版	**印　　次**：2022年3月第2次印刷
字　　数：140千字	**定　　价**：30.00元

ISBN 978-7-5130-5955-8

前　言

从世界文明史来看，伴随着每一次技术的飞跃，社会关系发生的变化都将通过法律制度的变革来显现。科技革命是现代知识产权制度产生、发展的重要动力。知识产权制度是随着现代产业与市场经济的发展而逐步形成的规则体系，而在现代社会，技术的发展决定着产业的兴衰存亡与市场实践的变化，进而必然对知识产权制度产生重大影响。这种影响是双重的，新技术既对现有的知识产权制度提出新的问题和挑战，同时也提供解决问题、应对挑战的新方法。技术发展与知识产权制度的互动是一个长期的、循环不止的过程。立法者必须考虑如何在新的技术环境下保护创作者、传播者的利益，促进作品及信息的传播、知识的普及，进而提高整个社会的福祉。

著作权的权利限制制度是一个平衡与调解创作者与公众之间利益的制度。在数字技术普遍应用的互联网时代，新型的信息技术不断涌现，是人们在获取信息的途径上打破了传统的时间与空间的限制，进而打破了传统著作权制度内权利人和使用者之间的利益平衡。著作权权利限制制度主要包括合理使用和法定许可两大类型，其中合理使用制度是考察权利限制制度的起点。数字技术的发展和应用，使得著作权的合理使用和权利人的权利扩张处于一种新的不平衡的状态，实践中，一些产业内的合理使用的界限受到冲击，其中不乏权利人的利益受到严重侵害的事实，另外，融合了新技术产生的新作品，可能因为权利人的过度强势，从而限制了大众的创新意愿。此时就应当更多地从法定许可制度的角度作为著作权权利限制制度研究的终点，重新调整双方利益的平衡点。

合理使用制度并非使用者的法定权利，而是权利人的法定义务，是法律要求著作权人在行使其权利时对其权利范围所作的必要约束。其本质在于，在著作权人的权利范围内，对那些法律所认可的、具体的且不足以对著作权人的利益造成实质性损害的行为，著作权法给予豁免，即在法律上不认为此类行为属于侵权行为。实践证明，这项制度既有效地保护了著作权人正当、实质的权益不受侵害，又方便了公众对作品的正当、有限的利用，促进了文学、艺术和科学作品的传播，是保证个人权利和公众利益和谐统一的制度典范。

在大陆法系国家，著作权法大都通过列举特定例外的情形建立起权利限制的制度；❶普通法系国家则遵循合理使用的原则（如美国使用“Fair Use”、英国使用“Fair Dealing”），通过判例法的形式发展建立起与大陆法系国家类似的著作权限制制度。合理使用制度，最初以法官制定的方式诞生，是一个用来对抗侵犯著作权控诉的重要制度，同时也是对抗权利人过度控制其作品的一项最主要的法定限制，合理使用原则为作品的自由传播、为免受著作权人的过度垄断而产生的负面影响带来了积极的作用。❷

合理使用的核心作用是从限制著作权人利益的角度来实现对作品利用的效益最大化。长久以来，作为一项饱受争议的著作权权利限制体系中的一部分，有观点认为，它的主要作用突出体现在以下几个方面：第一，从经济学的角度出发，很大程度上合理使用的立法理由被理解为一种解决市场失灵的弥补方式；❸第二，

---

❶ 如德国著作权法中第六部分为“对著作权的限制”的内容，具体从合理使用和法定许可两方面就著作权的限制与例外情形作出了列举式的规定，并且明确了在不同情形下使用者的义务。意大利著作权法在其“例外与限制”的规定中，就具体的使用行为进行了罗列，并且在各种使用行为中明确了应当保障权利人获酬权的情形。日本著作权法在近年来多次的修改过程中，同样关注著作权限制制度的不断完善，在规制中不断加入新的权利限制的具体情形。

❷ BUNKER M D. Eroding Fair Use: The “Transformative” Use Doctrine After Campbell [J]. Communication Law and Policy, 2002, 7 (1).

❸ GORDON W J. Fair Use as Market Failure: A Structural and Economic Analysis of the Betamax Case and its Predecessors [J]. Colum. L. Rev., 1982, 82 (1600)；熊琦. 论著作权合理使用制度的适用范围 [J]. 科技与法律，2006 (2).

它有益于促进公正和民主的社会价值;[1]第三,它能够平衡作品的垄断权利与言论自由之间的冲突;[2]第四,它为人们在前人作品的基础上创造出新的作品提供了一个可行的实践途径。[3]

从保障权利人的角度出发,当新技术逐步消除市场失灵现象的时候,合理使用的适用范围必然缩小,否则将为权利人带来损失。相反,如果在理论上认为合理使用旨在维护表达自由,那么新技术对合理使用适用范围的影响将大为降低,合理使用甚至会通过限制新技术条件下的著作权而得到扩张。对使用范围的界定,取决于立法者的理论价值观,而对理论价值的检验,又来自对制度绩效的考量,判断制度绩效的重要因素是法律运行的最终结果是否有利于社会财富的增长,这种社会财富并不仅仅表现在经济利益的变化上,同时也反映在政治、文化和生活等诸多方面。

著作权制度一向受到创作与传播技术的制约。数字技术的广泛利用,全面深刻地影响着包括著作权在内的整个知识产权体系,迫使它们做出调整或重新架构。现代社会所谈论的知识的流通,已不再侧重通过道路、贸易和交易会来进行交流或传播了。著作权法经历了印刷技术、广播电视技术和数字技术三次重大飞跃,历史证明,著作权法的变革与发展,著作权权利版图的扩张与变迁,都源自经济利益的驱动,承载着著作权相关产业的投入者对经济利益的追求。当新技术降低了交易成本而使新的利益诱

---

[1] NETANEL N W. Copyright and a Democratic Civil Society [J]. Yale L. J. 1996, 106 (283); FISHER W W. Reconstructing the Fair Use Doctrine [J]. Harv. L. Rev. 1988, 101 (1659). 转引自 BUNKER M D. Eroding Fair Use: The "Transformative" Use Doctrine After Campbell [J]. Communication Law and Policy, 2002, 7 (1).

[2] 如美国著作权法与其宪法第一修正案中所强调的言论自由之间的冲突。引自 LOHMANN F V. Fair use as innovation policy [J]. Berkeley Technology Law Journal, 2008.

[3] LEVAL P N. Toward a Fair Use Standard [J]. Harv. L. Rev., 1990, 103: 1105, 1109-1110. 引自 LOHMANN F V. Fair use as innovation policy [J]. Berkeley Technology Law Journal, 2008.

因出现时，权利人便会主张将新利益纳入财产的范畴，比如表演者权、唱片制作者权、广播组织权以及信息网络传播权等权利的确立，无不遵循同样的逻辑。相应的，传统的获利途径可能因技术的变革而逐渐消失（如电子书市场逐渐取代一部分纸质图书的市场)。在上述制度的变迁过程中，著作权权利的任何消长，都会对著作权的权利限制制度造成不同程度的影响。其中，影响最大的是合理使用制度。

作品的流转是实现著作权利益的途径，而许可的高额成本可能会阻碍作品的流转，这是一个“囚徒困境”的模式，而合理使用看似是解决这一问题的最佳途径，但是新技术的发展已经使得许可成本大为降低，例如在数字平台上，对作品利用情况的统计轻而易举。在以“作者-传播者-使用者”为核心的著作权制度的利益主体链条中，作品传播者的地位变得越来越突出，成为执掌利益的核心支柱，尤其是在互联网环境下，网络服务供应商在利益实现与分配上的能力日趋显现。网络服务供应商与传统出版商的地位和作用截然不同，传统的出版商在选择作者、为作品作宣传等环节中的作用对实现作品的收益产生至关重要的影响，而网络服务商除了能够取代传统出版商的地位以外，还为作者与使用者提供了一个更为自由的交流平台，赋予了两者更为自由的交易基础，为作品的供需关系的形成和确定作品的价值创造了一个前所未有的市场环境，这就为知识产权交易市场带来了新的机遇和挑战，为合理使用制度在新的市场环境中是否依然以一种“合理、合法”的方式存续带来了困惑。以往，交易成本方法主要分析的是作品权利人与使用人的利益平衡关系，这是经济分析中的二元结构，而如今，传播者在作品流转链条中的利益和作用越来越大，因此，在对合理使用的研究中，应当加入对传播者作用的分析与判断。数字技术下尤其应该关注私人复制的性质以及它所带来的利益冲突。

本书重点讨论由数字技术带来的作品传播方式的改变对著作权合理使用制度的挑战，对所谓“合理”性的分析，通过对以往讨论著作权合理使用制度的理论的分析，主要是通过经济学的角度来论证“技术变化必将带来的制度变化”的必要，即著作权合理使用制度所面临的修改问题。

合理使用制度是一定技术经济条件下的产物，当条件变迁时，该制度也应适当调整或重新架构。当我们以著作权制度的正当性为前提，以法律应当实现对著作权充分、有效的保护为前提来确定与此相关的著作权制度时，我们会发现，按照传统技术条件下著作权合理使用制度所确立的原则，在数字技术时代下，使用者用合理使用的名义可以不付代价、没有限制地使用他人的作品，在合理使用的保护伞下，权利人的利益被掏空殆尽，荡然无存。法律对权利人的利益保障，乃至于著作权制度本身都形同虚设。因此，尽管谈论合理使用制度是否归于消亡还为时尚早，但为了维系著作权制度的生存，合理使用制度必须因应变化，作出重大的调整。

除了从经济学的角度分析了合理使用的重构以外，本书还特别就法律制度与文化之间的相互影响作了较为深入的研究。在后工业时代，文化形态发生了巨大变化，以商品化和传媒化为主要特征的现代文化的发展很大程度上影响着法律制度的变迁，同时作为知识产权制度的一部分，著作权制度本身关注的就是一项文化权利，它影响着人们对知识的接触，作用于人类的创新，而合理使用制度的严苛或是宽松可能对文化的发展方向、人们的创新方式带来不同的影响。

著者认为，在现有著作权制度架构下，首先，要以更为严格的标准来规定合理使用的适用情形；其次，为了保障公众对知识资源的获取利益，可以考虑通过扩大法定许可范围的方式来有效保障权利人的利益，作为平衡，可以适当降低法定许可的费用，同时，集中将一部分私人复制问题归为法定许可之著作权限制范畴；再次，将以为满足公共利益为需求的合理使用的许可内容归于公法领域加以规制；最后，可以将合理使用定义为“创新资本”，存在于鼓励创新的“投资”当中，为合理使用的存续提供一个新的视角。

著作权权利限制制度，是一个以早期传统制造业为主的工业化社会环境中的产物，随着技术的发展和生产方式的变革，必然导致制度的相对滞后成为实现著作权权益的障碍，无论是针对精神权利还是经济权利，在权利的实现中，制度都显得越来越力不从心。著作权制度在数字时代会以一个什么样的面貌体现其存在的价值，是值得不断探讨的论题，在新的制度环境下如何鼓励创新，实现利益的平衡分配是著作权制度必须解决的问题。

法律如同社会的神经，人类社会每一个阶段的发展都系统地对法律产生影响，并通过法律调整变革中的社会关系。在后工业时代，技术对经济和法律的影响更为系统，更为庞大，乃至促成了全球统一体系的出现。这一特征在知识产权法律体系中尤为突出，因此，知识产权法律中基础性制度的发展与改革，已经超越了不同国家和地区的个性，成为全球共同面临的课题。

众所周知，知识产权作为随工业文明而到来的一种崭新的财产形态，与传统物权既似曾相似，又有本质区别。知识、技术的不断进步变化，深刻影响着我们对它的研究、把握。数字技术是人类技术进步中的质变与飞跃，可以肯定地说，它初见端倪，就已经深刻地改变了我们生活方式、生产方式、行为方式、思维方式、存在方式，改变了传统时间、空间、价值、财产等观念。我们有理由相信，它对社会经济、法律、生活的真正重大的影响还未体现出来。仅就著作权制度而言，围绕著作权内容的发展变迁，著作权合理使用制度也必须与时俱进，作出相应的调整。在这一制度确立、运行及不断调整的过程中，合理使用边界的不稳定，使得它成为一个无法搁置、经久不衰的话题，实践告诉我们，对合理使用制度的研究成果成熟性始终是相对的。今天，数字技术的迅速发展和广泛应用，打破了传统著作权制度的架构，对这一制度形成一个非常大的挑战，亟待我们投入力量，作出回答。

我国《著作权法》自 1990 年确立以来，囿于立法体制和机制的局限，修订法律的工作相对滞后，在超过20年的时间里，仅有2001年和2010年两次修法活动，修法的活动跟不上经济、社会的发展，无法与发达国家和地区，尤其是日本相比。这不仅是一部法律相对滞后的表现，更能反映出我国作为一个发展中国家，在科技发展和经济上的落后地位。立法、司法究其本质，都是社会经济活动的重要环节，立法滞后和司法水平落后一样，都会影响、阻碍甚至束缚经济发展和社会进步。知识产权制度的先进与否与一个国家的经济、科技、政治等诸多领域相关联。值此著作权法第三次修改之机，本书希望通过分析数字技术对现代社会的知识生产、分配、流通和消费的影响，在调整著作权制度的同时，更深入地探讨合理使用的本质和功能，重新定位合理使用制度，为我国著作权权利限制制度的体系设计提出更好的方案。

目　录

导 言

自千禧年以来，数字技术的广泛应用已经深入人们生活中的方方面面。随着技术的发展，技术带来了交易方式和生活方式的改变，为传统的知识产权制度带来了冲击和挑战。知识产权制度作为一项以激励创新、保护发明创造的法律制度随着技术本身的演进和应用，也产生了诸多变化。相对于专利权和商标权而言，著作权从作品形式到保护方式、从保护期限到保护范围和程度等，也都随着数字技术的引入而产生了翻天覆地的变化。对于著作权的保护对象——作品而言，从创作到使用，从获取到传播，都需要在数字技术环境下进行讨论，尤其在技术支持下，一方面，作品作为凝聚知识的一种表达方式，它比以往任何时代都更容易传播，另一方面，作者对作品的控制力也经历着由强到弱，再由弱转强的局面，如何在保护作者利益和保障公众利益之间谋求平衡，是制度调整的关键，也是本书所讨论的著作权权利限制制度所要研究的核心问题。

著作权权利限制制度，是以合理使用制度为研究原点的，从这一原点出发，进一步延伸到对法定许可的讨论，并完成整个著作权权利限制制度的架构。目前国内外关于著作权合理使用制度的理论研究与实践总结相当丰富，其中，数字技术下的著作权合理使用对权利人以及相关产业影响巨大。数字技术广泛应用造成的后果，全面、深刻地影响着著作权制度，其对著作权合理使用制度的挑战最为突出，因而引起了业界的广泛关注，并成为立法者、司法者和研究者持续探讨的重要课题。在研究内容上，现有文献主要涵盖了以下几个论题：第一，著作权合理使用性质的原理分析；第二，著作权合理使用的适用规则，其中包括美国合理使用原则的适用及其在个案中的体现，各著作权成文法国家对合理使用制度的历史沿革以及法条设计等；第三，互联网环境下合理使用的地位；第四，著作权权利限制制度的构成等。

现有研究资料为认识国内外著作权合理使用制度的经验及差别提供了较为广阔的视角，对相关论题的论述是进一步研究的重要支撑。现有研究的不足主要在于研究体系化方面的欠缺，这也形成了本书的研究主题：第一，对著作权合理使用制度价值的共识，这构成了制度价值与正当性认识的前提，也是展开系统论述与研究的基础。第二，合理使用在著作权制度内部与财产权利的相互协调与相互作用，平衡权利人和使用者之间的利益。传统上认为对著作权的适度限制和著作权一样，合理使用本身也能对创新起到激励作用，这使对著作权制度的体系化研究成为必要。第三，在数字技术环境下，对著作权的限制应当以什么样的面貌呈现，既能保障权利人在新媒体环境下的利益，又能确保公众适当限度内的“使用”自由，最终达到各方利益的平衡，这是本书的研究重点。

围绕这些问题，国内外权利人为适应新的数字技术环境而实施了新的商业模式，这些商业模式为合理使用制度的延续提出了挑战，其借鉴了国外不同法律体系中不同的立法模式、管理与运作经验，系统总结了我国现有制度的理论不足与实践困境，提出了完善建议，以期对历史遗留问题以及当下现实问题的解决提供参考，对未来著作权权利限制制度的面貌加以设计。

具体而言，本书的研究内容主要包括三个部分：第一，著作权合理使用制度的理论基础，即从理论层面探讨该制度的性质以及法律上的正当性。现有成果已经较为深入对这一问题进行了不同层次上的分析，本书拟从各种观点和结论的逻辑出发点进行分析，区别不同领域中的理论，通过分析著作权制度法律关系进而分析合理使用制度中的法律关系。第二，通过探究几个代表性国家著作权合理使用制度的历史沿革，分析不同时期合理使用制度在著作权制度中的地位和作用。研究著作权合理使用制度既要从中国的实践出发，又不可避免地要借鉴、吸收国外的经验、制度和理论。本书选取了美国、英国、加拿大、德国、日本等国家的立法情况，以及这些国家为适应技术变革在立法上所作的调整，以多国的经验作为蓝本来分析著作权合理使用制度的历史、现状及未来。系统分析了著作权制度中的法律关系以及合理使用中的法律关系，试图通过对法律关系的分析，研究在著作权制度中，无论是传统的制度框架，还是数字技术环境下，合理使用的地位因技术的变革而导致权利和义务关系的微妙变化，寻求在新的传播技术中找到合理使用制度的合理位置。第三，对我国著作权合理使用制度的反思与重构。在制度研究上，我们应当善于与时俱进、推陈出新，以经济学和公共利益的角度分析合理使用在技术变革中的问题，以及解决该问题的理论基础。在对法定许可问题的研究中，主要加入了对著作权集体管理制度的研究以及该制度应当发挥的作用，在立法中应当作出的相应设计。

（1）研究方法

第一，实证分析法。本书属于制度研究，不同于基础理论研究，更应当立足于制度规范与现实操作问题，发现与制度初衷的偏离与制度困境，以此开展有针对性的研究。因此，在撰写过程中，着重收集了实务案例的文献资料，尤其对美国和英国判例中不断确立的合理使用的适用原则予以分析。

第二，法经济学分析法。法经济学分析方法是为制度分析提供效率论证的常用方法，以其经济理性为人信服。交易成本理论的经济学分析方法一直被最为广泛的接受为可为合理使用行为找到合理出路的理论。在合理使用发生的时候，在传统传播方式的环境中，交易成本过高带来的市场失灵问题会阻碍权利人获取利益，或者导致使用人因授权成本过高而放弃使用。在新技术环境下，技术进步可以解决交易成本过高的问题，数字技术的应用已经为解决权利人的授权和使用人的支付对价做好了准备。交易成本的降低将可能成为合理使用制度存留的致命打击。因此，经济分析的方法将会对合理使用制度在整个著作权体系中重新定位。

第三，比较分析法。比较分析法是认识自我的重要方法。只有经过各种对比，才能充分认识自己的进步与不足。著作权制度移植于国外，合理使用制度作为一项使用争议很大的制度，不同国家的规定有着非常大的区别，在我国的著作权制度中，著作权权利限制制度的构成还有待完善，通过对比分析可以找出其在我国立法中的不足。在此背景下，开展比较分析会更具有针对性与可信度，其分析结论也更具有说服力。当然，对比分析也要在样本选择上进行把关，是选择全部样本，还是抽取部分样本以及如何确定选样标准等都需要进行缜密分析。本书选择了英美国家的制度，同时选择了德国、法国及意大利等国家的制度，从作品定义的差别出发，分析出具有相同法律渊源的地区的制度是比较有代表性的。

（2）结构和内容

本书导言部分主要涉及研究基础、研究背景、研究内容、研究方法与创新点等基本问题。

第 1 章首先讨论的是著作权权利限制的理论基础问题。

合理使用制度的整个构架主要讨论合理使用的性质及其合理性，关注合理使用作为一项著作权法中的制度，它与著作权及其他权利的关系。

介绍了当今几种有关合理使用性质的学说，主要包括权利限制说、侵权阻却说、使用者权益说以及未上升为权利的法益说，对各个学说的观点进行了评述；随后主要对合理使用制度的合理性进行了分析，从知识产权法哲学、经济学、宪法学和社会学的角度对其合理性进行探讨。由于著作权是一项财产权，而合理使用制度本身的存在又是以交易成本理论为支撑核心的，本章着重讨论了经济学的分析方法对合理使用制度的影响以及新技术带来的变化，在以社会学为视角的论述中，谈论了文化现代化发展的特点及其与法律制度之间的相互关系和作用。

第 2 章就合理使用制度的制度脉络展开讨论，主要是通过对不同国家的立法差异的比较，分析合理使用的适用情况。第一部分介绍了在以“因素主义”为核心的判例法国家，合理使用制度的立法与司法实践情况，以美国案例为主线对合理使用制度原则的确立进行了分析；第二部分介绍大陆法系国家和地区的立法情况；第三部分介绍了国际条约中以三步检验法为原则的合理使用制度；第四部分介绍了我国的立法情况，并引入两个合理使用案例进行分析。

第 3 章通过分析著作权制度的法律关系入手，进一步分析了在合理使用制度中权利主体、权利客体以及主客体之间的法律关系。

第 4 章试图对数字技术环境下的著作权权利限制进行类型划分，其中，首先分析了私人复制的定义与划分；其次分析了用于创新的复制在合理使用制度中的地位和作用，另外，对不同形式的作品在合理使用制度中的不同定位进行了讨论。

第 5 章以著作权权利限制制度之重构为题，国外的立法情况反映了数字技术环境下的特殊性，并且为权利限制的重新架构提出了设想。首先论证了为什么数字技术开始动摇合理使用制度的根基，鉴于用交易成本理论证成的制度正当性受到质疑，在市场关系中，传播者的作用越来越重要，它不但决定了利益的分配，甚至在文化、价值与审美趋向等问题上占据了越来越重要的地位，因此在对著作权限制制度的构架中，应当更加重视传播者的地位和作用，而解决之道是应当进一步扩大法定许可的范围，使权利人事实上能够得到更好的回报。

第 6 章在法定许可制度中，单独以著作权集体管理制度的角度，对权利人通过法定许可实现利益保障进行了深入的分析，并在许可标准等问题上展开了分析。

第 7 章题为“代码即法律”，旨在通过对技术的应用来判断法律制度的走向，为我国制度设计在未来适应数字经济发展的背景下提供参考。

第1章

著作权权利限制制度的理论基础

本章首先对著作权合理使用制度的构成进行了梳理，明确了这一形式的权利限制的定义和特征。合理使用是整个著作权体系中的一个“特赦”，也可以说是著作权这一绝对权性质中的一个“例外”，权利限制制度是以合理使用为研究原点展开的，因此厘清合理使用制度的基本理论是构建权利限制体系构架的基础。本章同时还阐明了传统著作权制度中，产生合理使用制度的原因以及合理性，为数字技术环境下著作权权利限制制度的地位及变化提供一个理论铺垫。

1.1 合理使用的理论基础

1.1.1 合理使用的定义

合理使用是指他人依据法律的有关规定而使用享有著作权的作品，不必征得著作权人的同意，也不需要向著作权人支付报酬，但是应当尊重作者的精神权利。[1]作为一项著作权权利限制制度，合理使用主要从经济利益方面体现了对权利人的限制，同时法律还对这种使用行为作了非常严格的规定，英美法通过合理使用的适用原则建立了该制度，大陆法系国家通常通过对限制著作权权利具体行为的列举建立起这一制度。

1.1.2 合理使用的性质

国内外学者关于合理使用的性质研究，通常分别从权利人的

---

[1] 李明德，徐超．著作权法［M］．北京：法律出版社，2003：110.

角度和使用人的角度进行展开，主要包括权利限制说、侵权阻却说、使用者权益说和法益说等学说。

1.1.2.1　权利限制说

权利限制说认为，合理使用是法律所规定的对著作财产权的一种限制。

关于权利限制的一般概念，主要源于康德的观点，他认为对公共权力的牵制，旨在确保权利的行使以不危害他人的合法利益为标准。但是，由于著作权不同于物权的特殊性，对著作权的限制是在权利制度的内部设定一个在特殊情况下权利人应尽的“义务”。除了要遵循权利的行使受到国家利益、公众利益与公序良俗的限制，法律还额外、明确、具体地规定了对著作权人可行使权利范围的限制。[1]权利限制说认为，作者基于作品而产生的权利并不具有完全的排他性，此观点之前提否定了著作权权利的圆满性和绝对权的地位。“权利限制说无法为作品的使用人提供有一个对作品权利人的请求为某种行为的事由”，[2]该学说本质上是从权利人的角度进行说明的。

“权利限制说作为知识产权理论中有关合理使用的通说，有其合理性。将合理使用视为对著作财产权的限制，是因为在本质上著作权具有独占性的特点，在不经著作财产权人同意的情况下利用他人作品，是一种对著作权的限制或约束。有学者认为，当使用者实施了属于合理使用的行为时，他的行为不构成对著作权人权利的侵犯。使用者无权也不可能向著作权人提出什么主张，只有在著作权人指控使用者侵权时，使用者才可以将其使用属于合理使用作为一种抗辩理由。”[3]在数字技术条件下，著作权人可以利用技术措施来阻止使用人未经授权且不支付任何费用的“合

[1] 刘春田．知识产权法［M］．4 版．北京：中国人民大学出版社，2009：127.

[2] 孙山．未上升为权利的法益：合理使用的性质界定及立法建议［J］．知识产权，2010，3.

[3] 董炳和．合理使用：著作权的例外还是使用者的权利［J］．法商研究，1998，3.

理”使用行为，使用人更不得以“权利限制说”来要求著作权人放弃一部分垄断性的权利，对于著作权人所采取的各种措施，不得基于“权利限制”的理由而获得任何救济。

1.1.2.2 侵权阻却说

侵权阻却说主张合理使用是侵害著作权的违法阻却事由。❶该学说的大前提认为著作权的权利边界是完整的，著作权的权利类型由禁止权与报酬获得权两个部分组成，任何使用行为都应当得到权利人的许可或应付报酬，否则即构成侵权，然因法律的特别规定，使得这些行为不以侵权界定，而是一种例外。这种观点首先假定合理使用是侵权行为，只是因为法律的特别规定，推定其违法性失效。侵权阻却说认为合理使用是著作权侵权行为的法定抗辩事由。“日本学者胜本正晃认为，权利的公平使用本应属于不法行为，但由于其违法性失效，即为非违法行为，同时阻却违法性的事由，应由法律直接规定。另外，他认为，基于日本宪法公共利益优先的原则，对著作权的限制即是防止其权利滥用，允许他人正当地使用作品，也就是权利的公平使用。”❷所谓的侵权阻却说实际上是从侵权责任的构成要件角度出发，认识合理使用在侵权责任认定过程中的地位和作用效果。合理使用从表面上看确实具备了阻却违法的效果，但我们不可以将合理使用与阻却违法事由等同起来。也就是说，某一符合构成要件的行为已经具备了违法性，但在符合法律规定的例外情况下，因为具备了某种事由而不认为其具有违法性。违法阻却说的前提是把合理使用行为等同于侵权行为，只是因为法律的规定从而推定其违法性失效。我国台湾学者张静认为“合理使用行为的本质为侵害行为，只是经注明出处后不以侵害论而已”，“合理使用与强制授权之区别，仅在于前者为无偿利用，后者为有偿利用，强制授权是阻

---

❶ 吴汉东．关于合理使用制度的民法学思考［J］．法学家，1996，6.

❷ 转引吴汉东．关于合理使用制度的民法学思考［J］．法学家，1996，1（6）：54－62.；吴汉东．合理使用制度的法律价值分析［J］．法律科学：西北政法学院学报，1996（3）：30－38.

却违法事由，合理使用亦当如此。”[1]违法阻却性事由是大陆法系中的一个重要概念，是指排除符合构成要件的行为的违法性事由。[2]然在侵权法体系当中，“侵权免责事由”与“抗辩事由”是有区别的。侵权责任的免责事由，又称为免除侵权责任的条件，是指可以免除或者减轻侵权责任的情况。[3]抗辩事由则是源于英美法系中的概念，是指被告据以主张原告诉讼请求不能成立或不能完全成立，从而免除或减轻其民事责任的事实。进一步理解，即该使用行为所带来的后果并没有对权利人的利益造成损害。那么判断侵权阻却说合理与否的前提就是判断合理使用行为是否具有违法性、是否为权利人的利益带来不利后果。行为具有违法性首先要满足两个条件：一是法律规定对于权利人的某种权益，相对人负有不得侵害的义务；二是行为人的行为违反了义务造成了对权利人的侵害。合理使用行为的范围和程度在法律中均有明确规定，即法律认为该行为不具有违法性，但是客观上，合理使用又确实是一种“侵害”权利人利益的情形。侵权阻却说主要是从使用者的角度出发，以诉讼实务中的抗辩理由依据为基点，是从使用人的角度对“权利限制说”的一种补充说明。

1.1.2.3　使用者权益说

吴汉东教授认为合理使用不具有侵害性，不具有形式违法性，从而否定了“侵权阻却说。”“权利限制说”和“侵权阻却说”认为合理使用是著作权的例外，是对侵权指控的一种抗辩理由；而“使用者权益说”则认为合理使用是作品使用者的一项独立的权利，著作权人负有相应的义务。但是把合理使用定性为“使用者权益说”有着一个无法克服的矛盾：依民法原理，民事权利和民事义务是民事法律关系的核心内容，民事法律关系就是

---

[1] 转引吴汉东．著作权合理使用制度研究［M］．北京：中国政法大学出版社，2005：131.

[2] 张明楷．刑法学［M］．3版．北京：法律出版社，2007.

[3] 常林，冯杨勇．我国侵权责任免责事由的缺陷及完善［J］．中北大学学报：社会科学版，2006，22（4）.

民事权利和义务关系。在民事权利和义务关系中，权利和义务具有相对性。在合理使用关系中，同样是权利主体享受权利，义务主体承担义务。如果使用者是权利人，那么这种权利主体是不特定的无数人，而作为义务人的著作权人则是特定的一个义务主体，并且其对行使著作财产权的合理使用者负有不作为的义务。这点同著作权的排他性相背离，也与“同一个民事法律关系中的权利主体应当是特定的，而义务主体则可以是不特定”的民法基本规则相矛盾。

使用者权益说认为合理使用是一种使用者基于某种合理方式使用作品而无须经过作者同意的特权（Privilege），是使用者依法享有的使用他人受保护作品的一项独立权利。从合理使用关系主体的角度出发，这一观点认为合理使用所得来的权益是一种属于使用者的特权，强调合理使用乃是法律赋予使用者的一项权利。“将对他人的作品进行使用这一行为设定为使用者权”，即在符合条件（对合理使用行为的判定条件）的情况下，使用行为是使用者本应享有的权利。[1]这在逻辑上看似违背了“著作权”的权利设定的完整性以及忽视了该项权利应有的归属，即如果该项权利成立，不应该是基于作品的、不应归属于著作权权利框架内，因其权利产生的前提并非出于对私权概念的延伸。权利主体与义务主体不相衬。[2]美国学者帕特森和林德伯格在《版权本质：使用者权利的法律》一书中阐述，“现代著作权法乃是平衡创作者、出版商与使用者之间权利的产物”，“有理由认为，著作权法作为一种法律制度，必须重视在创作、传播与使用作品过程中所有个人的权利”；“使用者也有权利。否认个人的使用权将会导致以著作权控制社会公众的行为，从而出现为少数人谋取所谓经济利益的结果。”“著作权法若要服务于公共利益，必须包容

---

[1] 吴汉东. 著作权合理使用制度研究［M］. 北京：中国政法大学出版社，2005.

[2] 董炳和. 合理使用：著作权的例外还是使用者的权利［J］. 法商研究，1998（3）.

两种时常冲突的私人权利——创作者向公众传播其作品的经济回报权与使用者因利用作品而提高其知识水平的学习权利。”❶

1.1.2.4　法益说

法益的概念是指，法律上将已设定的权利归为“类型化的自由”，未被类型化的或无法被类型化的现实生活中的应当受到法律保护的利益称为法益，法益是一种效力低于权利的利益，如当法律无法将权利穷尽于规则之中时，通过对原则的规定来保护某种特别的利益。李斯特指出：“法益是法所保护的利益，所有的法益都是生活利益，是个人的或者共同社会的利益；产生这种利益的不是法秩序，而是生活，但法的保护是将生活利益上升为法益。”❷

有观点将合理使用归于无法被类型化的法益；享受这一法益的主体不是权利人而是使用者；限于使用者自身的利用而禁止流转。❸未上升为权利的法益说回避了在制度内讨论合理使用的法律关系的问题，脱离了囿于“权利”的限制，是一种法理角度的论证，对于利益的讨论总是包含着权衡与妥协；而权利是一个原则问题，需要一种紧咬牙关、立场坚定的不妥协的态度。❹著者认为，将合理使用归为一种在概念上相对模糊的法益是进一步扩大了合理使用制度设计的不确定性，无论是“权利”的定位还是“法益”的解释，都有必要将该制度中各个要素之间的关系厘清，只有系统地分析制度中的法律关系，才有助于立法者平衡各个主体之间的利益，有益于司法者在具体的案件中衡量各方权益及判决对社会的影响。

---

❶ PATTERSON L R，LINDBERG S W. The Nature of Copyright：A Law of User's right［M］. Athens：the University of Georgia Press，1991，引自约翰森·罗森诺．网络法［M］．张皋彤，等译．北京：中国政法大学出版社，2003：49.

❷ 张明楷．新刑法与法益侵害说［J］．法学研究，2000（1）.

❸ 孙山．未上升为权利的法益：合理使用的性质界定及立法建议［J］．知识产权，2010（3）.

❹ 史蒂芬·霍尔姆斯，凯斯·R. 桑斯坦．权利的成本：为什么自由依赖于税［M］．毕竟悦，译．北京：北京大学出版社，2011：68.

1.1.2.5 小　　结

著者认为合理使用作为著作权权利限制体系中的一个重要制度，对其性质的定义应当从著作权利人的角度出发。由于法律的规定，著作权人不得不从其权利的蛋糕中分出一块，让使用者免费享用，这是一种权利限制的表现形式，也是一种制约垄断权利的方式。侵权阻却说是权利限制说的另一种解释，两种表达互为补充。而使用者权利说更多地倾向于从公众的角度出发来解释合理使用的性质。但是，作为一项以著作权人为主体的法律，似乎在私权体系内来解释合理使用制度，以公众作为制度内的利益主体，其地位略显尴尬，从这个层面而言，从宪法的自由言论中解释合理使用似乎更为妥当。法益说则是一种对合理使用行为存在的客观解释，不能回答合理使用的性质的问题。因此，著者支持合理使用的权利限制说。

1.2 合理使用制度存在之合理性论证

为了保证权利人独占使用其知识产权，使他人以特定的条件使用权利作品，既要赋予知识所有者以垄断的权利，又要对他的权利实行必要的限制，就要设计不同的授权方式来完善整个制度体系，这包括授权使用、法定许可使用或强制许可使用与合理使用。不经权利人的许可就对受保护作品进行复制的行为实际上是一种对著作权人的所有权的侵害，而“法律需要有理由证明对于权利的这种‘践踏’和限制是正当的，同时在这些理由中最重要的是竞争权利的观念。”[1]在合理使用制度中，公共利益就是与著作权私权利益形成竞争的因素。著作权需要有限制制度控制其过于垄断的地位，同时合理使用又需要以保证著作权人的正当利益为前提，同样，对合理使用的设定界限直接影响着权利人的利

[1] Korematsu v. United States, 323 U. S. 214 (1944) 见史蒂芬·霍尔姆斯，凯斯·R. 桑斯坦. 权利的成本：为什么自由依赖于税［M］. 毕竞悦，译. 北京：北京大学出版社，2011：69.

益，“如果权利不受任何限制将是有害的”，[1]因此要对合理使用的适用附以较为严格的条件。

1.2.1　知识产权的本质

对合理使用本质的研究有必要向上梳理到对知识产权本质的解析，原因在于合理使用是建立在著作权制度范围之内的，对著作权的限制与著作权的正当性形成了一种对立的关系，因此就有必要对知识产权的正当性展开讨论，进而分析和解释法律为何对著作权这种具备私权属性的财产权加以某种程度的限制。

1.2.1.1　自然权利

（1）知识产权与物权的分离

“人们若要主张知识产权，首先须创造某种具有特定意义的存在，换言之，某种可表达的东西；其次必须将其附着于某种物质载体而加以特定化。”[2]

艺术创作实际上是一种在物上实施的添附行为。添附作为取得所有权的最基本的表达方式之一，传统的定义是指不同所有人的物结合在一起而形成不可分离的物或具有新物性质的物，如果要恢复原状在事实上不可能或者在经济上不合理，在此情况下需要确认新财产的归属问题。人们在有体物之上完成了无体物之表达的行为，就是一种添附行为。作者将两种财产结合在同一物上，使该有体物的客观形式发生改变，同时使它的价值发生了变化，传递出了新的内容。对于知识财产的承认可追述至古罗马时代对作者地位的记载，有一位在桌子上画画的画家，而画家与桌子的所有人产生了物权归属上的争议，裁判官认为画的价值高于桌子，因此画家取得了这张桌子，[3]这是一个基于添附行为使原

---

[1] 史蒂芬·霍尔姆斯，凯斯·R. 桑斯坦．权利的成本：为什么自由依赖于税［M］．毕竟悦，译．北京：北京大学出版社，2011：69.

[2] 余九仓．知识产权的工具论：读德拉贺斯的（一种知识产权哲学）［M］//刘春田．中国知识产权评论（第1卷）．北京：商务印书馆，2002：381.

[3] “The ABC of Copyright” UNESCO.

物增值从而改变物权归属的典型例子。

然而，知识产权并没有同物权制度同时诞生，也没有一个制度单独承认知识所带来的这种无体财产，这主要是因为，在手工业时代，无论是艺术家的创作还是手工业者的劳动，物上所附着的“美”的形式，以及物所能传递的知识都随着物权的转移而转移。获取知识而产生的利益，被获得物权而产生的利益所吸收，两者难以分离，比如绘画、雕刻，虽然是因其美的形式而被交易，但这种形式难以被轻易复制（或是复制成本很高）；又比如对书籍的复制，在手抄书时代，以文字形式表达的作品的内容本身也更多地局限在与宗教、哲学等相关的领域，书籍可流通的范围和频率都很小，并且有能力消费书籍、具备阅读能力的人则更少。作品用于交易时，转移物权即丧失一切权利，而技术革命的意义就在于，它解放了人类的双手，工业化的生产就是把人的一次性的创新成果，通过技术手段多次复制的过程。因此，第一次形成作品就是创造，复制则是制造、是生产。工业革命带给了创作者的是一次创新多次复制的可能，当作品变成了产品的时候，首创就被提炼出来，处于一个突出的地位，成为创造财富的独立因素。

在物权领域，交易即意味着财产的交换，同时也是财产权利的交换，因为财产权与其权利所指向的都是客体存在物本身，两者不可分离。物的唯一性决定了物的交易便是权利的交易；然而知识产权的交易脱离了物，其权利的实现在于它可以不断地被复制于新的载体之上且又不影响该物的价值，它与自然物在经济上的稀缺性成反比。当知识作为产品与物分离时，它就具备以下几个特征：“①知识产品的生产者很难控制知识创新的成果。如果创造者将其知识产品隐藏起来，那么他的创新活动就不会被承认，从而失去了社会意义。如果公之于众，对这一无形资源事实上难以有效控制。②知识产品的个人消费不能影响他人的消费，无数个人可以共享某一公开的信息资源。③知识产品是一种易逝型资产。信息的生产是有代价的，而信息的传递费用相对较小。

一旦生产者将其信息出售给消费者，该消费者便成为其潜在竞争对手，或者是其他消费者成为该信息的搭便车者。④知识产品的消费与其他公共产品不同，它的使用不仅不会产生有形损耗，从而使知识产品减少，反而可能扩张社会无形类资源的总量。但是，由于“外部性”的原因，生产者提供的信息往往被消费者自由使用，其结果虽然是知识产品带来的社会效益大大高于创造者个人取得的效益，但同时导致知识产品的生产者难以通过出售信息来收回成本。”❶

因此，人类“创造”的知识财富可以通过技术不断地累积，同时增加经济利益，它使人们开始正视创造这种财富的源头，开始关注首次创新的力量，开始承认作者的财产权的主体地位，进而出现保护这种财产的知识产权制度。在传统的知识产权框架内，著作权利人关注的是被创造出来的新的知识，并且通过掌控复制行为、统计复制件的方式来实现对其权利的控制和计算经济收益。

（2）财产权本质

洛克在《政府论》中对“一个人为什么可以获得财产权”的问题作出了回答。首先，洛克的理论来自一个“上帝安排了一切”的神学基础，然后通过劳动理论来解释上帝“如此”分配“财产”的理由。首先是人对其自身的所有权，进而产生因支配身体去劳动而获得的——是财产。“只要他使任何东西脱离自然所提供的和那个东西所处的状态，他就已经在那个东西中掺进他的劳动，加进了他自己的某种东西，因而使它成为他的财产。既然是由他来使这件东西脱离自然所安排给他的一般状态，那么在这上面就由劳动加上了一些东西，从而排斥了其他人的共同权利。因为，既然劳动是劳动者的无可争议的所有物，那么对这一增益的东西，除他以外就没有人能够享有权利，至少在还留有足

❶ 曹一昕，邱力生，刘华，任艳．知识产权保护制度的经济学分析：软件知识产权精要［M］．北京：中国社会科学出版社，2008：22－23.

够的、同样好的东西给其他人所共有的情况下，事情就是如此。”[1]劳动在私有财产形成过程中的作用只有在亚当和夏娃被刚刚赶出伊甸园时的自然状态时期能够满足，上帝对人类的要求仅仅是让人通过自食其力的方式来生活，资源的丰富还不需要人们去考虑经济问题。

洛克财产权的前提是世界上的所有物都来自于上帝，是共有物，财产间接地是指对人们从共有物所取出的那部分物的排他性占有权。[2]更进一步讲，洛克认为政府有权力去规范财产，但行使这种权力必须与自然法的目标一致，在作出规范性决定的时候，政府应当有选择余地。[3]这就意味着财产的自然权利并不是“神圣不可侵犯的”，而是一种可以调整的利益关系，是一种工具论意义上的权利。因此，以洛克理论为基点的自然权利论是值得怀疑的。

创作活动本身并没有产生财产权，作者通过创作活动这种方式，将使用公共知识的权利转变成为一种具有排他性特征的基于创造性成果——作品——的权利。在以劳动为基点的自然财产权观来看，在考虑判定什么情况下可以将从公共资源分出来的那部分知识作为知识产权的权利对象时，“额头出汗原则”便成为唯一的判断标准。

劳动在人类财富积累的历史上没有起到主导作用，普芬道夫认为在人们将财产从上帝所赐之共有物分化出来时，依靠的方式是相互之间的协议，并且根据物的状况、性质和人类的数量在不断地调整。[4]英国法官阿斯顿认为著作权之所以存在，主要是因

---

[1] 洛克．政府论（下篇）［M］．叶启芳，瞿菊农，译．北京：商务印书馆，1964：19.

[2] 彼得·德霍斯．知识产权法哲学［M］．周林，译．北京：商务印书馆，2008：56－57.

[3] 詹姆士·塔利：《论财产权》，剑桥，1980，转引彼得·德霍斯．知识产权法哲学［M］．周林，译．北京：商务印书馆，2008：56－57.

[4] 詹姆士·塔利：《论财产权》，剑桥，1980，转引彼得·德霍斯．知识产权法哲学［M］．周林，译．北京：商务印书馆，2008：59.

为"作者对其脑力劳动的成果享有权利这一事实"。他认为："这种财产与通过占有取得的财产有本质区别。通过占有取得的财产原本属于共有，而不属于你，但由于你个人的行为被你所取得。而这种财产原本就属于作者所有，因此，除非经过他本人的行为且经他本人完全同意明确地将其赋予大家共有，该财产应当仍旧属于他本人所有。"❶要解决占有的问题，除了考虑劳动因素外，利益群体之间的交易习惯以及协议都是决定权利边界过程中不可或缺的元素。

1.2.1.2　工具论

所谓工具主义态度，其内涵包括以下三个方面：一是关注财产作为一种制度机制在社会生活上的效果，而不是其形而上的、伦理学的或认识论的方面；二是注重采用法律的境界分析方法，并在成本效益分析中诉诸道德情感而不是排斥它；三是服务于某些道德介质和以人文主义为本。工具主义的要旨是将知识产权作为一种特权，而不仅仅是一种权利，从而在此种特权上附加各种限制性义务，以期在最大程度上实现这一特权所设立的初衷，达到个人利益保护和公众利益维护的平衡。❷

"在过去数世纪，财产的概念无论在英美法系国家还是大陆法系国家都发生了剧烈的变化。在传统司法上，无论是英美法上的财产权，还是大陆法上的物权，都不涉及人们的智力成果（至少在制度层面上如此）。"❸1557 年，英国玛丽女王将印刷特许状授予伦敦书籍出版业公会，一方面便于王室对信息控制的统治要求，另一方面，满足了惧怕竞争的印刷业垄断的愿望。"英国通

---

❶ 英国法官裁判汇编第 9 卷。

❷ 余九仓．知识产权的工具论：读德拉贺斯的（一种知识产权哲学）［M］//刘春田．中国知识产权评论（第 1 卷）．北京：商务印刷馆，2002：387.

❸ 李雨峰．枪口下的法律：中国版权史研究［M］．北京：知识产权出版社，2006：189.

过授予特权控制图书贸易是由于两种利益之间存在互惠性。”[1]这种特许制度的毁灭部分原因是行业内部的利益冲突造成了贸易的不平衡，因此才有了后来的《安娜女王法》（以下简称《安娜法》）。虽然，1710 年的《安娜法》被认为是具有划时代意义的法律，是世界上第一部著作权法，然而当时的社会环境并没有赋予作者以独立的、特别的、依靠创造性活动来实现社会价值的经济主体地位。当作者将其创作手稿出售给他人的时候，他便不再对作品原稿保留任何权利。[2]这部著作的法律原称是“ An Act for the Encouragement of Learning, by vesting the Copies of Printed Books in the Authors or purchasers of such Copies, during the Times therein mentioned”，直译为“为鼓励知识创作而授予作者及购买者就其已印刷成册的图书在一定时期内之权利的法”，从表面意思上看，似乎这并不是一部以书商利益为核心的法律。按照帕特森和林德伯格的观点，《安娜法》将以前被用作是出版商的垄断工具和国家实施审查制的工具演变成为一项贸易规则，而这种转变是为了促进学习知识，削减出版商的垄断。[3]《安娜法》中还规定了“在旧体制下，所有文学作品都永远属于某些书商，只有经书商审查认为符合审查标准的文学作品，才能刊印面市。”从观念上而言，作品手稿即作品本身，转移其手稿仅具有物权的意义。

持工具论观念的叶兹法官提出了与阿斯顿法官相反的观点，他认为财产是建立在占有之上的，而抽象物不能被占有，因此在思想的表达上设定一个抽象物权完全违背了财产的一般原则。然而，从公正的角度看，确实应当给予作者一定的奖赏，《安娜法》所确定的有限的垄断权利实现了奖赏的目的，符合了公正的

---

❶ 彼得·德霍斯．知识产权法哲学［M］．周林，译．北京：商务印书馆，2008：33.

❷ ROSE M. Authors and Owners［M］. Harvard University Press，1993：27.

❸ PATTERSON L R，LINDBERG S W. The Nature of Copyright［M］. Athens，GA：University of Georgia Press，1991. 引自约翰森·罗森诺．网络法［M］．张皋彤，等译．北京：中国政法大学出版社，2003：49.

要求，并且能够鼓励学术和科研活动。[1] 美国法典中将著作权定义为“为作者提供了一种工具，可以用来保护其作品在未经其许可时，他人不得私自占用、使用或利用。”[2] 休斯（Hughes）法官也曾强调，在美国法中，确定著作权的垄断性质所带来的利益是源于作者对公众资源的劳动。[3] 上述这些观点都突出了著作权制度的目的性，同时强调了这种垄断制度为权利人所带来的现实利益，因此是一种有效平衡各方群体利益的工具。著作权制度许诺给艺术家和作者以付出劳动的合理回报，以此刺激表达与创作的欲望。如今在数字技术环境下，对于那些依靠数字技术生存的企业或网络公司而言，它们尤其需要一片知识产权保护制度的土壤才能得以生存和发展。因此，将知识产权制度视为一种工具将可能提升立法者在考虑技术变革过程中制度设定的尺度，充分利用工具论的特性来平衡变化中各方主体的利益。

1.2.1.3　自然权利与工具论的选择

传统上认为，美国知识产权制度的立法宗旨是基于工具论的设定，最突出的一点表现为美国法未对作者的精神权利的保护作出明确的规定；著者认为，应该更为宏观地看待美国的著作权保护体系，而不能局限于著作权法。

从文化背景的价值选择视角看，美国著作权法的立意更注重从“个人”的角度出发，旨在确立一直秉承的鼓励个人贡献的制度。虽然我们在国际条约及多个国家的著作权法中看到类似我国著作权法开篇总则中的“为了鼓励创新、促进社会的发展与繁荣而设立该制度”的原则，但这些目的尽是借以表达设立该制度正当性的目的而不是原因。

古典自然法理论的创始者格劳秀斯认为，法是人类经由理性发现的规则，“为了成为一门学问，法律不该依于经验，而该依

---

[1] 彼得·德霍斯．知识产权法哲学［M］．周林，译．北京：商务印书馆，2008：37－38.

[2] 美国法典第17篇第106节（17 U.S.C. § 106.）.

[3] Fox Film Corp v. Doyal, 286 U.S.（1932）.

于定义，不该依于事实，而该依于逻辑演绎。以这个标准来讲，唯有自然法才能构成一门学问，这门学问应该完全把一切因时因地而改变的事物搁置一旁，方才可以构成。”❶

法律规则的得出过程是一个概念形成的过程，正如爱因斯坦所强调的，概念是通过知觉进行的思维自由创造。❷他说：“只要这些用来作为演绎出发点的原理尚未得出，个别经验事实对于理论家是毫无用处的；”❸法律作为一种通过理性思维而得到的完整体系“只有考虑到理论思维同感觉经验材料的全部总和的关系，才能达到理论思维的真理性。”❹

知识产权制度的核心价值是保护创造，是以人的“自然权利”为基础的，制度设立是因为人的创新是一种自然权利，当创新为人带来利益的时候，则该利益当归于实施这一创新的人所有。美国独立宣言中提到，“它是一项由造物主赋予的若干不可剥夺的权利之一，知识产权制度的设立就是为了保障这项权利”。创新之因带来促进社会发展之果；制度保障之因带来鼓励创新之果。有观点认为合理使用制度之正当性基于著作权之存在，合理使用之行为应基于合法的取得权利作品的复制件，通过论证著作权的正当性来证明合理使用的正当性。❺

在帕特森和林德伯格看来，《安娜法》最初被制定的本意旨在制定一项贸易规则而无关我们现在所讨论的这些哲学理论基础，“版权被视为不仅是制定法赋予的一项有限的垄断权，而且是作者的一项自然法权利。但这一结果是从对版权本质的混乱认识那来的：一种理论认为，版权源于作品的创作；而另一种观点

---

❶ 登特列夫．自然法：法律哲学导论［M］．李日章，等译．北京：新星出版社，2008：60.

❷ 周昌忠．西方科学的文化精神［M］．上海：上海人民出版社，1995：46.

❸ 爱因斯坦文集（第1卷）［M］．北京：商务印书馆，2009：75.

❹ 爱因斯坦文集（第1卷）［M］．北京：商务印书馆，2009：523.

❺ 徐鹏．论传播技术发展视野下的著作权合理使用制度［D］．长春：吉林大学，2011.

认为，它仅仅来自于不稳定的制定法。”[1]著者认为对著作权正当性的论证与合理使用制度的正当性是两个论域的问题，前者的结论并不导致后者的成立。实际上，在以“额头出汗”的作者原创性的权利确认标准下，如果用洛克劳动理论来论证合理使用制度，结论可能相反。

1.2.2　经济学分析

通过经济理论分析著作权法的正当性主要从两个阶段展开，一个阶段是研究在创作行为发生之前，著作权制度为作者带来的影响，即如果不存在对创作活动的保护，作者将不会有足够的动力去创新，尤其是在创作行为的成本高昂却又得不到相应回报的时候，因为直接复制知识的成本较低；另一个阶段是事后的角度，即当作品被创造出来之后，无限的复制行为将会为社会福利带来何种影响。[2]在知识产权制度中，通过著作权的保护对象，即作品的使用和传播所带来的回报相较于专利和商标有着更大的不确定性。在以往的经验中，我们经常会遇到某小成本投入的电影有机会坐上票房冠军的宝座，而拥有巨资投入的电影作品却可能票房惨淡，因此在计算投入产出时，对“知识的生产”充满了不确定性。

在知识财产权的经济学观点中，有一个看似自相矛盾的现象，即认为知识产权是一种奖励，或者说是能够在市场中获得利益的某种机会。正是这个奖励诱使人们去进行有益于社会生产的创造行为。但这个条件往往并不能实现，或者仅有部分得以实现，因为知识财产的持有者被赋予阻止他人接触这些信息的权利。所以，这种鼓励生产的保护同时又阻碍了实施保护的目标，即阻碍了知识的传播。本来用于鼓励创造新知识的制度可能在实

---

[1] PATTERSON L R, LINDBERG S W. The Nature of Copyright: A Law of User's right [M]. Athens: the University of Georgia Press, 1991.

[2] 朱慧. 激励与接入：版权制度的经济学研究 [M]. 杭州：浙江大学出版社，2009：35.

施效果上适得其反。❶因此，通过经济学的角度来设计著作权制度的时候，成本利润计算的首要任务就是讨论如何调节对权利的保护与对知识传播的阻碍之间的矛盾，平衡二者利益。

创作者在失去了私人资助或是其他形式的投资的时候，只有通过法律的保护来实现利益，它的核心是权利主体和传播主体依靠与消费者的交易生存。不同于其他可交易的大多数商品和服务，依靠创意而产生的作品可以被无限数量的人使用而该客体的存在本身却没有被消耗。这意味着，一般情况下，一次工作，面向很大范围的公众传播的时候，其传播边际成本趋近于零。

1.2.2.1 交易成本理论

罗纳德·科斯在其1960年发表的《社会成本问题》中指出，任何交易和制度都是有交易成本的，当交易成本太高时，交易双方会选择其他的方式以达成交易目的。❷“如果市场交易是无成本的，则所有问题就是当事人的权利的充分界定和对法律行为后果的预测。但是，正如我们看到的，市场交易成本是如此之高，以致当难以改变法律已经确定的权利安排时，情况就完全不同了。此时，法院的判决直接影响着经济行为。因此，法院应该了解其判决的经济后果，并在判决时考虑这些后果，只要这不会给法律本身带来过多的不确定性就是可以被接受的。尽管法官的决断有可能通过市场交易改变权利的法律界定，但最好减少这一类交易的发生，从而减少进行这种交易的资源耗费。”❸

1982年，温迪戈登提出合理使用原则的适用是以市场失灵为基础的。在固有的经济逻辑下，著作权制度中的合理使用抗辩是纠正著作权交易障碍的途径，当市场形成的障碍严重到足以阻碍销售的时候，许可和其他形式的使用才能够得到双方同意，此

---

❶ 彼得·德霍斯．知识产权法哲学［M］．周林，译．北京：商务印书馆，2008：134.

❷❸ 罗纳德·斯科．社会成本问题［J］．法律与经济学杂志，1960，3.

时免费复制才可能被准许。[1]合理使用是一种“正常的市场反应”，[2]如果存在阻碍市场交易的因素，使用行为不影响原权利人的利益，并可能有利于对原作品的传播时，则对创作的激励因素便不会因合理使用而降低。戈登给出了判断某一行为是否合理的三大原则：第一，需要判断的因素包括：在交易过程中，确定双方的身份、促成双方就授权进行接触和谈判的交易成本过高；第二，对作品的使用行为对社会是否有益；第三，使用行为不会对权利人的激励产生实质性损害。[3]

这种理论实际上是一种扩展性的原则化的科斯定理，合理使用原则尽可能有效地“重新分配”所有权，以尽量减少效率的负面后果所带来的市场上过高的交易成本。合理使用抗辩允许绕过在实际的市场交易中，交易成本超过了交易带来的剩余价值的时候，认为直接使用受权利保护的作品是正当的市场反应。因此该学说为过高的交易成本消除了障碍，使资源得以更为有效地被重新分配。[4]市场失灵是指市场无法有效地分配商品和劳务的情况。在著作权专有性质的大前提下，如果没有合理使用制度的保障，公众可能会因为向著作权人支付使用费所带来的交易成本过高而放弃使用或者是直接使用，即侵权使用。交易成本分析方法运用于合理使用制度中，侧重于交易成本损害了自愿许可协议的达成，从而导致市场失灵的情形。[5]

对于作品的使用者而言，一旦获得作者或者权利人的使用许

---

[1] GORDON W. J., BONE R. G. Encyclopedia of law and economics [M]. Northampton, MA, 2000.

[2] DOWELL J. Bytes and pieces: Fragmented copies, licensing, and fair use in a digital world [J]. California Law Review, 1998, 86 (4): 843.

[3] GORDON W J. Fair Use as Market Failure: A Structural and Economic Analysis of the Betamax Case and its Predecessors [J]. Colum. L. Rew. 1982, 82: 1614 – 1622.

[4] DEPOOTER B, PARISI F. Fair Use and Copyright Protection: A Price Theory Explanation [J]. Internation Review of Law & Economics, 2002.

[5] 冯晓青. 著作权合理使用及其经济学分析 [J]. 甘肃政法学院学报, 2007, (4).

可的成本小于因其使用行为而获取的利益，使用者将会主动找到权利人来获得授权，如果这一结果相反的话，合理使用制度便在交易失衡的情况下为使用者的使用行为进行豁免。“市场失灵”理论通常出现在作品权利人和使用者为实现使用授权协议而不得不付出的成本，当成本过高时，最终交易将无法达成。因为某种原因使得市场交易没有或者不能完成，传统理论认为由于交易成本的问题，要求作者对权利作品的使用付费的成本过高，这里存在对这一理论适用时的交易环境，在没有新的技术或者方式得以使用的时候，作品的权利人和使用者在很大程度上互相处于信息不对称的地位。比如，在学校教学过程中，教师在准备讲义的过程中需要使用不同的理论或学说来完成传授过程，以法学课堂为例，内容可能涉及自然法理论、实证法理论、自然学派、经验学派，教师不可能脱离某个学说理论，完全通过再创造的方式将不同的观点再现给学生，课堂上总会出现对某位法学家或者是某位法官的作品中的内容。如果将一切类似的使用前提都以获得作者或权利人的许可为限的话，教学工作必将举步维艰，既不利于学生们获取知识，也无益于那些著书立说的人们传播他们的思想。

1.2.2.2　激励与创新

信息的流通途径及流通广度能够解决激励与接入交换不均的矛盾，当消费者到商店购买感恩节晚餐时，他们可能会为火鸡的高价格感到失望。同时，当农民把他们饲养的火鸡送到市场时，他们希望火鸡的价格能再高一些。这种想法是经济生活中最典型的观点，买者总想少付些钱，而卖者总想多得些钱。但是，从整个社会的角度看，存在一种火鸡的“正确价格”吗？我们知道，火鸡的价格调整是要保证火鸡的供给量等于火鸡的需求量。但是，在这种均衡状态，火鸡的生产量是太少、太多，还是正好呢？市场上供求均衡可以使买者和卖者得到的总利益最大化。从某种意义上说，火鸡供求平衡的价格是最好的价格，因为它使火鸡消费者和火鸡生产者的总福利最大化。

——曼昆《经济学原理》

版权持有者也许会发现，当以为后来的作者可以自由地从一部先前作品中借用材料这一点来看，后来作者的表达费用减少了（他将节省版权保护制度下应当支付的相关费用）；然而，每位作者都可能是那个借用前人作品的后来人，也可能是那个被后来人借用的前人。当他扮演前一个角色的时候，他更喜欢对他人创作的先前作品的保护最小，当他扮演后者时，他渴望自己创作的作品有最大的版权保护。因此，版权制度的设计就是要寻找最佳的保护程度。

——兰德斯、波斯纳《著作权法的经济分析》

(1) 激励与创新

著作权制度的设计看起来就是一个寻找“火鸡”供求关系平衡的过程，一方面，随着社会的发展，这一财产制度应当如何设计才能既为创新提供必要的激励，又使作品能够被尽可能多的人所用，同时还在另一方面起到抑制搭便车的行为。

激励的内涵是：著作权制度是以维护作者权利为核心的，确立作者的核心地位有助于鼓励作者实施创作活动。首先确立作品的财产性权利客体的地位。作品被创作出来之后，其思想和内容的价值需要通过作品的传播来实现，作品体现在文化、艺术、科技及学术等方面的影响力需要通过不断地对作品的复制件进行传播来实现。传统作品流通环境下，著作权的激励功能体现在作者得以将自己作品的复制件向公众出售以换取收益及回报。著作权法赋予作者一系列的财产权利，目的是在作者将其作品进行商业化利用的时候能够确保获得回报，这同时也是鼓励独创性及文化产业发展的基础，为作品的商品化流通提供保障。接入的内涵是使公众得以获得和使用受保护作品中的思想和表达。“社会公众所接入的是作者在作品中的表达，通过对表达的接入进而深入对作者思想的接入。”任何作品的创作都是一个“取之于民、还之于民”的过程，任何人都可以通过合法的形式获得和使用作品，吸收其中的知识，体会作者的思想，乃至为自身的创新打下基础。作为平衡各方利益的机制，著作权的限制制度为使用者的利益提供了巨大的贡献。雷炳德认为，所有的智力成果是国家的文化资源的组成部分，而社会公众希望尽可能不受限制地享用这些文化资源，知识产权的过度垄断是与社会公众利益相背离的。因此，在设定著作权的同时，需要在如何使作者利益与公众利益达到平衡进行正确的衡量。❶而激励与接入的关系正是造就利益冲突的一个原因。一方面，权利人依靠制度所赋予的垄断性权利来保障从市场中收回作品的价值，而权利人的强势地位可能使使用人最终放弃支付高额对价，“没有垄断就无法激励信息的生产，有了合法的垄断就不会有足够的信息被公众接入”，因此，需要在激励与接入机制中寻找一个平衡点，达到制约权利过度扩张所带来的制度困境。激励与接入的均衡可分为三个层次：第一是最基本的均衡层次，即在创作者的激励与消费者的效用之间寻找最优均衡，是有效生产和有效消费之间的平衡。第二是在原作品权利人和利用受保护作品实施新创作的使用人之间的平衡，第三是在技术革新的条件下，作品的创作流通等环节形成了新的利益链条。在新的环境下，需要讨论的是应该如何对制度中的各个主体地位进行新的安排以获取平衡。❷

（2）以价格理论为基础的合理使用

成本交易分析方法依靠新古典经济学为前提，假设产权边界是可以确定和识别的，但事实并非如此，在交易成本理论的基础上，比利时学者引入了价值理论对合理使用与著作权保护的关系进行了更深层次的讨论。❸以英国经济学家马歇尔为代表的均衡价值理论的主要内容是：均衡价格是指一种商品的需求价格和供给价格相一致时的价格，也就是这种商品的市场需求曲线与市场供给曲线相交时的价格。在需求不变的情况下，供给增加会使供

---

❶ 雷炳德．著作权法［M］．张恩民，译．北京：法律出版社，2005：62.

❷ 朱慧．激励与接入：版权制度的经济学研究［M］．杭州：浙江大学出版社，2009.

❸ DEPOOTER B，PARISI F. Fair Use and Copyright Protection：A Price Theory Explanation［J］. Internation Review of Law & Economics，2002.

给曲线向右平移，从而使得均衡价格下降，均衡数量增加；供给减少会使供给曲线向左平移，从而使得均衡价格上升，均衡数量减少。著作权权利限制制度是一种利用法律追求均衡价格的手段，限制权利人的过度垄断，是一种赋予使用者的福利。

新技术带来的变革，使信息的传播在严格遵守著作权法的戒律的时候冲击着合理使用的原则，当新技术所带来的使用行为与著作权权利持有人的立场截然相反时，需要重新确定合理使用的范围。互联网的普及，以及信息传播技术的进步产生了一个新的利益局面，合理使用将成为过时的制度，信息时代下的一键式技术，为权利持有者和使用者提供了一个有效的沟通环境。互联网为权利人提供一个掌握作品使用量及传播量的机会，他们通过数字收费方式消除了传统许可制度下的交易成本，因此，传统存在的合理使用原则将失去存续的理由。在数字条件下，价格的自我调节事实上使受保护的作品能够以一种更为合理的价格出售给使用者。

1.2.3　宪法学分析

荷兰学者哈根霍尔茨认为在著作权体系内建立著作权的限制与例外制度主要基于以下三个理由：第一，著作权的限制体现尊重公民的基本权利，包括尊重自由表达的权利、出版自由的权利以及获取信息自由的权利；第二，对个人私权的限制有助于在图书馆、博物馆、教育机构等社会公共利益的发展，对公民的受教育的权利是一种保障；第三，著作权的限制是用于解决经济学上市场失灵现象的手段。[1]

1.2.3.1　公共利益与个人利益的平衡

有研究称“公共利益”源于罗马，意为多数人的利益、公共的利益。公共利益最初反映在国家身上，有观点认为公共利益

---

[1] HUGENHOLTZ B. The Future of Copyright in a Digital Environmen [M]. Kluwer Law International, 1996: 94；引自王清．著作权限制制度比较研究［M］．北京：人民出版社，2007：40.

与个人利益是一对相对的概念，两者互为此消彼长的关系，也有观点认为这种关系并不是各自独立的，两者除了在特定情况下可以相互转换以外，更多地表现为相互包容的关系，即在实现公共利益的同时也帮助了个人利益的提升。正如孟德斯鸠所论述的那样："公众利益中包含着所有的个人利益。个人利益不过是以公共利益为重罢了。"无论持何种观点，对公共利益的定义作准确的回答都是困难的，因为它非常抽象，使得各种观点各有理据。

在讨论公共利益与个人利益的冲突与平衡问题时，如何评价个人利益是这个问题的重点，将个人利益单纯理解为经济利益还是经济利益与人格利益的总和，抑或是人格利益同样都可以通过经济利益来实现，是几种不同的选择。学者韦景竹对著作权公共利益的内容作出了如下的归纳：第一，根据公共利益必须具有正当的、合理的利益内容这一要求，著作权法促进科学文化事业有序繁荣发展的公共利益目标体现了著作权法对社会、文化、经济领域的公共秩序和效率、效益的追求；第二，作为与人的思想、社会信息联系最为密切的法律制度，促进思想、信息的自由流动是著作权法的应有之意，因此，著作权法表现为一项附期限的权利，并且在由公共机构为主体的传播媒介中预留了限制权利的空间；第三，著作权法的公共利益同样也体现了社会公众基本的民主和文化权利，它表现在言论自由、信息获取自由、自我学习和自我发展的自由、社会公德伦理以及合理对待弱势群体利益等诸多方面。❶

在著作权法中，以公共利益为出发点而适用合理使用的情况大多表现为以下几类：①出于教育目的的适用❷，但是近几年，这一类使用行为逐渐被大多数国家排除在传统的合理使用范围之内，如德国著作权法增加了授权条款的内容；加拿大对通过互联

---

❶ 韦景竹. 版权制度中的公共利益研究［M］. 广州：中山大学出版社，2011：55-68.

❷ 例如：中国《著作权法》第22条第1款第6项规定的"为学校课堂教学或者科学研究，翻译或者少量复制已经发表的作品，供教学或者科研人员使用……"

网进行学习时，对资料浏览的合理使用的方式作出了更为详细的规定。[1]②以批评、评论为使用目的的情形，如我国著作权法中的“为介绍、评论某一作品或者说明某一问题，在作品中适当引用他人已经发表的作品”，意大利著作权法中规定的“为了进行评论或者讨论，可以在符合上述目的的范围内，摘录、引用或者复制作品的片段或者部分章节并向公众传播，但是，不得与该作品的经济使用权构成竞争”[2]。③个人使用（包括私人复制）的情形，如我国著作权法中规定的“为个人学习、研究或者欣赏，使用他人已经发表的作品，”[3] 日本著作权法第 13 条、意大利著作权法第 68 条、德国著作权法第 53 条等。

以公共利益为出发点的合理使用行为大多表现在以“教育”和“研究”为目的的使用行为。《伯尔尼公约》第 10 条第 2 款规定：“可以合法地通过出版物、无线电广播或录音录像使用文学艺术作品作为教学的解说的权利，只要是在为达到目的的正当需要范围内使用，并符合合理使用。”且应当符合该条约第 9 条第 2 款规定的“只要这种复制不损害作品的正常使用也不致无故侵害作者的合法利益。”在《世界知识产权组织版权条约》（WCT）中，同样重申了为了公众利益，应当对作者的保护加以限制，而限制的前提一直是限于以教育、研究和获得信息为目的的。保持作者权利与广大公众利益之间的平衡应当是一个在条约

---

[1] 德国著作权法第 46 条第 1 款：如果著作的部分内容或者小篇幅的语言著作或者音乐著作、单独的美术著作或者单独的摄影著作在发表之后成为集大量著作权人著作的汇编的组成部分，并且根据其特点只为学校、非营利性培训或者进修教育机构，或者执业教育机构的课堂教学，或者教堂使用，则本法允许将其复制、传播和公开提供。（2008 年 1 月 1 日新增如下限制）用于学校课堂教学公开提供时应当取得权利人许可。加拿大著作权法修正案规定了教育机构可以在线使用版权资料，且在学生接受完最终课程评估的 30 日内销毁材料副本的时候，才能适用合理使用的规定。

[2] 意大利著作权法第 70 条第 1 款，修改来自于 2003 年 4 月 9 日。

[3] 我国《著作权法》第 22 条第 1 款第 1 项。

中可以体现的次要的方面[1]，有必要强调的是，条约的主要目的是保护作者的权利，这一理念也同时体现在对基于公共利益而获取的“信息”的概念应当如何限定的问题上，因此，在《伯尔尼公约》第10条第2款中强调了所指的信息范围，即“音乐、电影或者文学等其他形式，无论以何种新闻报道的目的被欣赏，甚至可以通过在线获得或者包括在某个数据库中，都不构成‘信息’”[2]的定义。美国著作权法也同样将合理使用原则排除在对电影、戏剧或者是小说的使用情形，尤其是当使用行为涉及“原始作品的故事主线和发展情节、悬念的内容以及有关如何达到故事高潮的内容。”[3]

1.2.3.2 反公地悲剧与合理使用原则

知识作为一种公共资源，可以在法律制度的利益选择中反射出不同的社会效果，著作权制度的建立有利于避免“公地悲剧”现象的发生，本书将它归于对公共利益产生的影响当中展开讨论。

“公地悲剧”的概念来自学者加勒特·哈丁的著作《The tragedy of the commons》(公地悲剧)。他提到，“作为理性人，每个牧羊者都希望自己的收益最大化”，而悲剧就出现在牧羊者因为希望增加收益而不断增加羊的数量，最终导致草地被过度使用。他描述了多个人使用给定资源的特权，但是没有通过限定成本效益的方式来监测和约束对方的使用情况[4]，最终导致了脆弱的资源被过度使用的悲剧。相反，当多个业主有权排除他人利用

---

[1] 约格·莱因伯特，西尔克·冯·莱温斯基. WIPO因特网条约评注［M］. 万勇，相靖，译. 北京：中国人民大学出版社，2008：31.

[2] Goutal, The WIPO Treaty of 20 December 1996 and the French Conception of Authors' Rights (2001), 187 RIDA 66，转引约格·莱因伯特，西尔克·冯·莱温斯基. WIPO因特网条约评注［M］. 万勇，相靖，译. 北京：中国人民大学出版社，2008：34

[3] Columbia Pictures Corp. v. National Broadcasting Co. , F. Supp. 348 354 (S. D. Cal. 1955)

[4] 公地悲剧［EB/OL］.［2012-09-10］. http：//wiki. mbalib. com/wiki/公地的悲剧.

一种稀缺资源时，也没有人有使用强制执行的权限，那么资源可能因为得不到充分利用的问题就被称为“反公地悲剧”。

“反公地”是一个逐渐被法律和经济学学者接受的概念，米歇尔曼于 1982 年在关于道德、经济和财产法的文章中提出了这一概念，认为既然存在一种公共财产，那么就应当存在一种“反公共财产”。赫勒（Heller）教授 1998 年对“反公地悲剧”理论进行了进一步的说明，他指出与“公地悲剧”中由于资源过度利用所产生的问题相反，反公地悲剧是由于权利者较多，而权利者之间互相妨碍彼此对资源的利用，导致资源无法被充分利用甚至闲置，从而对社会利益造成损失。两者都是由未能处理好私有产权和公有产权间的关系所产生的问题。[1]就知识产权制度而言，“反公地悲剧”是指由于权利人的过度垄断，为权利者之间互相利用资源制造了障碍，最终将导致这些资源因没有得到充分的利用而对社会利益造成损失。合理使用能够在“公地悲剧”与“反公地悲剧”当中寻求一个平衡，既能保障权利人的正当利益得以实现，同时又对知识资源的有效利用提供了途径。

1.2.3.3　“言论自由”之体现

美国联邦第二巡回上诉法院在 *Twin Peak Prods. v. Publication Intern'l* 案中指出：“也许除了某种特殊情形之外，‘在版权领域……的诉讼中，援引宪法第一修正案提出的所有主张都已涵盖在合理使用原则中了’”。[2]

在美国，合理使用是支撑宪法第一修正案与著作权法两者天平的标杆，一方面，著作权法的目的是保护基于作品而获得的利益；另一方面，宪法第一修正案则要确保信息能够无阻碍的流动。因此合理使用原则要求一种谨慎精细的利益平衡，“一方面是作者和发明者控制和使用他们的作品和发明的利益，另一方面

---

[1] 反公地悲剧［EB/OL］.［2012－09－10］. http://zh.wikipedia.org/wiki/反公地悲剧.

[2] Twin Peak Prods. v. Publication Intern'l, 996 F. 2d 1366, 1378 (2d Cir. 1993).

是社会上与之相对的思想、信息、贸易的自由流动的竞争利益”,[1]对表达的垄断性权利是有悖于宪法第一修正案所保护的表达自由的，著作权法的构造应适合于实现它应去实现的既定目标，即促进创造性成就。

德国联邦宪法法院于2000年依据宪法中关于保护艺术自由的宪法规定推翻了巴伐利亚州高等法院于1998年的一个判决。[2]联邦宪法法院认为剧作家和诗人海纳·米勒（Heiner Miller）在一部名为《措施1956》的剧本中使用贝尔托·布莱希特作品的行为是受基本法所保护的，州立法院依据德国著作权法的判决[3]触犯了德国基本法第5条第3款第1句的艺术自由保证，并且基于该剧本所呈现的作者的政治态度及表达，州立法院的判决还触犯了德国基本法第5条第1款中所享有的言论自由权。[4]在这里，合理使用制度为上位法与下位法之间的冲突找到了解决的方案，从这个意义上讲，合理使用制度脱离了著作权私权体系的框架，承担了一部分公法上的职能。

---

[1] 约纳森·罗森诺．网络法：关于因特网的法律［M］．张皋彤，等译．北京：中国政法大学出版社，2003：53.

[2] Bverf G, 1 BvR 825/98 vom 29. 6. 2000, Absatz Nr.（1-33），参见：单晓光，刘晓海．德国联邦宪法法院关于宪法规定的艺术自由和著作权法规定的合理引用关系的判决［J］．知识产权研究，2004，1.

[3] 该判决依据德国著作权法第97条结合第15条第1款、第16款、第17款的规定，法院认为被告没有通过自己的方式对引文加以引用。“引用自由应服务于与他人思想进行争论的自由，并且还能在这样的形式中进行：通过对不同作者受保护作品个别段落的逐字复述，清楚地说明政治、科学或思想潮流。但是，引文只有作为引用者自己的论述的例证才是允许的。”参见：单晓光，刘晓海．德国联邦宪法法院关于宪法规定的艺术自由和著作权法规定的合理引用关系的判决［J］．知识产权研究，2004，1.

[4] 德国基本法第5条：（1）任何人有用语言、文字和图像表达和传播自己的观点和不受妨碍地从公共渠道知情的权利。出版自由和广播、电影报道自由受到保障，不得设置审查。（2）上述权利受一般法律的规定、青少年的法律规定和个人人格名誉权的限制。（3）艺术和科学、研究和学说自由。学说自由不得违背宪法。

1.2.4　社会学分析

合理使用的两种最主要的表现是私人复制和创新型再利用。这两种形态都是与人们获取知识并进行创新的行为相伴的，并不是著作权制度下的产物。在这个意义上论证著作权制度的正当性，恰恰是因为在人类文明历史上，作品的诞生并不必然导致创新，尤其在神学时代，创作行为仅仅被定义为通过特定的人将神的旨意记录下来向公众传播，创作灵感都是来自于神的指引。即便到了文艺复兴时期，学者及艺术家们逐渐开始注重对自我的追求和肯定的时候，对于前人思想及作品的借鉴也是不可或缺的，人类从一出生开始，对世界的认识、语言的掌握、观念的形成都是经验的，对作品的创作也遵循着经验的轨迹，因此，从知识产权体系建立之初到今日，学者们都在热衷于对该权利的确立进行正当性的论证。经过近300年的制度建立和完善，知识产权的权利地位已经深入人心，而如今的学者们又开始为“合理使用”这种原始的创作形态找寻著作权私权性质下的突破口。

1.2.4.1　社会交换内在需求的动力迫使法律认可的事实行为

马克思在论及“利益”时曾写道：“人们奋斗所争取的一切，都同他们的利益有关。”❶进一步而言，在社会生活中，人们实现自身利益的主要方式就是交换。人们在交换的过程中，实现了一种新的利益平衡。“人们之间的所有接触依赖于给予和回报等值这一模式。无数的礼物和表现的等值是可以被实施的。在所有合法形式的经济交换中，在所有涉及既定服务得以确定的协议中，在所有合法关系的义务中，法规强制实施并保证服务于回报服务的相互性——如果没有这种相互性，社会的均衡和凝聚便不复存在。”❷知识的流转实现了人类社会生活中的交往功能，在这

❶ 马克思，恩格斯．马克思恩格斯全集（第1卷）[M]．中共中央马克思、恩格斯、列宁、斯大林著作编译局，译．北京：人民出版社，1972：82.

❷ 参见：乔治·齐美尔《社会学》转引自彼得·M. 布劳．社会生活中的交换与权力[M]．李国武，译．北京：商务印书馆，2008.

种人们相互之间建立的社会关系中，他们的利益得到表达，欲望得以实现。知识的公共性主要表现在以下两个方面：其一，知识是人类交往的工具，在相同知识背景下，人们得以相互交流；其二，知识的传播直接作用于人类的科学与文化的发展，以书籍为例，认识文字并利用文字交流早已不是古希腊贵族或中世纪教皇们的特权，知识的传播开启了人们对自身权利的认识，通过对知识的交换，人们接受教育，使得大部分人从马斯洛需求层次的最低层物质需要向最高层次的自我实现奋斗。因此，人们通过对知识的交换实现一部分需求。

根据具体情况下某种行为可预见的结果对该行为进行评价的任何尝试，都是同相关行为之是否应当得到赞同的意见在形成全面秩序中所发挥的作用相对立的。❶人类的行为大多受着将行为限制在可允许范围内的规则的支配——这些规则一般仅指某些类型的行为，而不管其可预见的具体结果。法律规范应与社会生活相结合，从社会、文化、经济、政治之脉络中了解“实际运作中的法律”，而非将研究范围窄化为法律（法条或判例判决）本身，仅仅局限于“书中的法律”，刺激法律社会分析之终局目的。

“自发秩序或法治的极端重要性，基于这样一个事实：它扩大了人们为相互利益而和平共处的可能性，这些人不是有着共同利益的小群体，也不需要服从某个特殊的上级。这种秩序是逐渐成长起来，它采取某些规则作为基础，而这些规则之得以确立，是因为遵守这些规则的群体更为成功，而且在人们意识到其存在或理解其运行机制之前，这些秩序已经形成了。”❷在著作权制度中，合理使用的行为客观上一直存在，从欧洲大陆法系国家所规定的合理使用的具体使用情形中便可见端倪。在许多权利限制例

❶ 费里德里希·冯·哈耶克．哈耶克文选［M］．2版．冯克利，译．南京：江苏人民出版社，2007：327.

❷ 费里德里希·冯·哈耶克．哈耶克文选［M］．2版．冯克利，译．南京：江苏人民出版社，2007：346.

外中，法律的规定有时看似是多余的，比如对诸如临摹这种复制行为，这种合理使用无需法律特别赦免，对于知识这种通过传播实现权利的产品而言，绝对的物权意义上的控制是不可能实现的。因此，在制度设计中，应当更为关注的是交易而不是所有权。

"公正的价格""公正的报酬"或"公正的收入分配"，这些概念已经被哲学家们竭力思考了两千年，而最终将公正的价格和工资定义为在没有欺诈、暴力和特权的市场中自发形成的价格和工资，从而回到了公正的行为理论，即没有公正的状态，只有公正的行为，由所有相关的个人的公正行为造成的无论什么结果，都是公正的结果，因为这是人们自己选择的结果。由于公正的报酬或分配只在其成员受命于共同的目标系统的组织内部才是有意义的，因此，不存在这种共同目标的经济或自发秩序中，它是没有意义的。❶

知识产权可以从所谓的人格理论的框架中获得合理性的解释。这种理论为单个的人提供一种行为的自我时间、个性表达、尊重与人治的唯一或者特别有利的机制。当人格理论用于知识财产权领域时，它能够运用得自洽自如：思想之所以属于其创作者乃在于思想是创作者个体人格与自我的彰明。❷

作者创作、使用者欣赏、受到新的启发的再创作、能够将前后作品联系在一起的感受，人类对知识的探索及分享是一个最基本的社会交往的表现。对于一位作者而言，其个人体验的满足感取决于他人的行动。如果一个人的满足感仅仅限于舌尖上的享受，对某一种特权的集体赞同将成为合法化的理由。

1.2.4.2　法律与文化发展的相互影响

生物的进化取决于基因的遗传与突变，而文化的进化依靠的

---

❶ 费里德里希·冯·哈耶克．哈耶克文选［M］．2 版．冯克利，译．南京：江苏人民出版社，2007：353.

❷ 李雨峰．枪口下的法律：中国版权史研究［M］．北京：知识产权出版社，2006：208－209.

是信息的分享。言语是人类最基本和最原始的交流工具，在没有记录手段以前，人类只能通过语言交流，因此文化的演进极为缓慢，记录手段则是人类文明演进的加速器，语言符号从兽骨到书本，艺术符号从岩石雕刻到教堂壁画，音乐从部落祭祀仪式到人们家中唱片，戏剧从露天舞台到电影院，人类文化因记录的手段而发展。从对“知识”的固定到如何将“知识”进行传播，不单单是对人类文化的研究，同时也是法律上所关注的著作权的权利对象（即作品）以及权利内容（即复制）的研究。

合理使用作为著作权法中的一个重要组成部分、作为一项对权利人的经济利益进行限制的制度，客观上对文化的发展起到了一定的作用，同时，文化的发展对“著作权私权的边界”的确定也同样产生了影响。

1. 文化现代性

文化特性从传统向现代的转变是以传媒化和商品化为主要特征的。

（1）文化传媒化

英国学者汤普森认为现代文化的一个突出性的特点就是传媒化，即“现代社会的象征形式已越来越经过大众传播的机制和机构所媒介”。❶在整个文化领域内，从作品的创作、流通到影响大众的思想及生活方式，在每个因素中都渗透了“大众传播”的特点，具备这一特点的意识形态的逐渐形成与发展，最终形成了具备现代性的文化形态。

文化转型的宏大叙事可以总结以下三个阶段。❷

第一，工业资本主义在欧洲等地的兴起伴随着在前工业社会流行的宗教信仰和习俗的衰落。工业资本主义在经济活动层面的发展在文化领域伴随着信仰和习俗的世俗化和社会生活的不断理

---

❶ 约翰·B. 汤普森. 意识形态与现代文化［M］. 高铦，译. 南京：译林出版社，2005：83.

❷ 约翰·B. 汤普森. 意识形态与现代文化［M］. 高铦，译. 南京：译林出版社，2005：85.

性化。

第二，宗教与巫术的衰落为世俗信仰体系或“意识形态”的兴起准备了基础，意识形态无负于调动整治行动而于来世价值观或存在无关。前工业社会的宗教与深化认识被根植于社会集体主义，由世俗信仰体系所鼓舞的实际所取代。

第三，这些发展促进了“意识形态时代”的兴起，以19世纪后期和20世纪初期的基金革命为顶点，20世纪五六十年代的著作为结束。

大众传播的发展为形象与信息的产生与传播提供了新机会，依靠传输的技术媒介，形象与信息被提供给时间与空间上极为广泛的受众，传媒信息的形象与表达在电视发展起来以后，可以被地理位置极其分散的大量个人接收和感知。

（2）文化商品化

霍克海默尔和阿多诺特别关注他们所谓的“文化产业”的兴起，它导致了文化形式的日益商品化。因此，早期法兰克福学派的理论家们强调了大众传媒发展的重要性。他们用文化产业一词来指19世纪末20世纪初娱乐业在欧洲和美国兴起所带来的文化形式商品化。他们所讨论的例子中包括电影、无线电、电视、流行音乐、杂志和报纸。这些产业的文化产品是根据资本主义累计和实现利润的目的来设计和制造的，不是人们自发生产的，而是按照群体消费量身定做的。这一过程导致了人们以批判与资助的方式思考和行动的能力萎缩了。❶

创作行为的一大趋势就是作者在创作过程中加入了对市场需求的考量，20世纪初当英国文学流行的时候，一位牛津大学的文学教授甚至因撰写“口水小说”而对自己的创作行为感到厌恶。❷对艺术作品的思考与欣赏被商品交换所取代，其价值首先

❶ 参见约翰·B. 汤普森. 意识形态与现代文化［M］. 高铦，译. 南京：译林出版社，2005：107－120.

❷ 参见特雷·伊格尔顿. 二十世纪西方文学理论［M］. 伍晓明，译. 北京：北京大学出版社，2007.

根据其交换价值，而不是它内在的美学性质。文化产业的产品与传统的艺术品大不相同，在18世纪以前，艺术品可以在市场外保持某种自主性，这是由于一种赞助人制度，它保护艺术家不受当前生活需求的影响。这种自主性使得艺术品能够与现实保持一定距离，表达疾苦与矛盾，从而对美好生活的思想抱有一定的掌握领会。然而，当艺术日益归于商品生产与交换的逻辑时，就丧失了传统艺术形式无目的性所固有的批判潜能。

在以前的社会里，强调人类的自发性、自主性和独立性的观念是被哲学与宗教培养起来的，囿于教育程度与阶层的分化，这一类涉及哲学高度的思考具有仅仅在贵族世家小范围内流传的特性。然而，现代性的特点恰恰是伴随着大规模的工业组织而形成的，有更多的人参与其中的文化，当诸多个体的特性被吸收到整个社会文化中的时候，个体并没有站到传统观念的对立面，而是与传统观念共同影响着现代文化。[1]西方的文化传承和学派实际上一直以“古典主义”为评判标尺的，比如“哥特式”起初的意思是“尚未达到古典的标准”，兴起于12世纪，一直持续到16世纪；“巴洛克”的意思是奇异古怪的，这是相对于古典主义而言的，古典主义者用其离经叛道的表现形式阐述了“巴洛克”偏离古典形式的特征，流行于17~18世纪的建筑风格。西方艺术史始终从固定的古典原理和各种偏离角度进行追踪：每一位初学者了解到的风格和历史时期演变的过程——古典式、罗马式、哥特式、文艺复兴式、风格主义、巴洛克、洛可可、新古典主义、浪漫主义——整个过程表现的都仅仅是两个范畴的一连串标记，即古典的和非古典的标记。

随着数字技术的发展，文化商品化的特征变得越来越明显，比如判断一部电影、一部文学作品是否成功，很大程度上取决于票房或销量上的成绩，考量的是商业化运作的效果，这一方面反

---

❶ 参见约翰·B. 汤普森. 意识形态与现代文化［M］. 高铦，译. 南京：译林出版社，2005.

映了大众的喜好，另一方面促使更多的资本更愿意投向那些可获取高额商业回报的、符合大众口味的“创作”；同时，互联网技术支持下的大数据的整合也进一步成就了这种商品化的文化氛围的形成，这既是一种数据思维形成的原因，也是对大数据进行有效利用的结果。[1]如今人们发现自己平时所接收到的新闻、手机里被推送来的文章、穿插在标题中的视频等，并没有像互联网发展初期人们所想象的那样广博或是漫无边际，而是具有越来越集中甚至是缩小了的范围，这是大数据时代，人们的知识被“精准”投放的结果，也是商业营销的手段。因此，文化的商业化趋势越来越明显。

2. 著作权与现代文化的相互影响

人类的科学进步以及技术发展孕育了著作权乃至整个知识产权制度的诞生，而知识产权制度又以“促进、鼓励创新”为立意，为人类的科学进步和知识的创新起到了推波助澜的作用。如果说现代文化的商品化带给权利人以更大的利益驱动的话，那么文化的传媒化也同时带来了公众对接触知识更为广泛的需求，大众传播的文化趋势本身也促成了公众更自由地获取知识的民主意识得到了加强。

建立对著作权这一具有绝对权性质进行限制的制度，是一个在现代性文化生态环境中所需要使用的适应性的工具，它在文化的传播过程中保障了人们得以接触“知识”的自由权利，本雅明认为，在机械复制时代，艺术品虽然失去了传统技术条件下的“灵韵”，但是新技术导致了文化向“民主化”的方向发展。[2]在教育、学术研究与批评相关的领域，人们不再迷信权威，文化的意义不再独一无二，民主化的最大特性是使人们可以随时随地发表自己的看法，正如当今互联网环境下，不断涌出的自媒体的表

---

[1] 王汉生．数据思维［M］．北京：中国人民大学出版社，2017.

[2] 本雅明．机械复制时代的艺术作品［M］．胡不适，译．杭州：浙江文艺出版社，2005.

现形式，人们通过文字、图片、音频和视频以及其中任何几种形式的结合体来表达，并且通过多种方式进行传播。

著作权制度对文化的发展发挥了非常重要的作用，对知识产权“鼓励创新”的另一种解读就是限制“复制”，这种限制对文化的影响远比人们所能看到的对经济利益的影响要深远。美国学者安守廉认为，20 世纪以前的中国，为知识产权的保护做出努力的唯一目的就是维护皇权。[1]而这种现象正好与 15 世纪末到 18 世纪初欧洲书报审查制度的初衷相契合，[2]都是以维护封建统治为目的的。

当今中国处于一个复杂的环境，从经济的社会发展类型来看，这是一个由农村经济社会、工业经济社会和后工业经济社会组成的时代，相应的在社会生活中，乃至整个中华文化传统，都离不开儒学的烙印，儒家文化中有普世价值相同的部分，也有封建君主文化的部分，而知识产权制度恰恰是一种对“权威”进行挑战的制度，它奖励“创新”，人们需要为复制行为买单。因此著作权制度本身将对中华文化的发展带来颠覆性的影响。

---

❶ 安守廉．知识产权还是思想控制：对中国古代法的文化透视［M］// 梁治平，译．刘春田．中国知识产权评论（第 1 卷），北京：商务印书馆，2006.

❷ 沈固朝．欧洲书报审查制度的兴衰［M］．南京：南京大学出版社，1999.

第2章

合理使用制度的立法状况

国外著作权法及其理论研究中对“合理使用”概念有4种表达方式[1]：美国著作权法、菲律宾知识产权法、突尼斯样板著作权法中使用的是“fair use”这一表述；意大利著作权法、《伯尔尼公约》中使用“free use”的表述；英国、澳大利亚、新西兰、加拿大、中国香港等受英国法影响较深的国家和地区均使用英国法中“fair dealing”的表述；日本著作权法受德国著作权法的影响将这一制度解释为“光明正大地使用”或“公正地使用”。[2]各国和地区不同的表述方法反映了对著作权权利限制制度的不同理解与限定。

与著作权体系中的其他限制制度不同的是，合理使用的例外不是一个已经被类型化的权利。这种著作权的例外是一种没有确定边界的形态，首先，合理使用中对“合理”的解释是通过举例来说明的，其次，在美国著作权法中，合理使用制度仅仅是一种指引性质的说明，而不是具体的限制，或者是像有些成文法国家通过罗列情形的方式进行明确，这赋予法官很高的自由裁量的尺度。[3]英美法以“因素主义”为基点对具体案件中的具体行为进行判断，而以“规则主义”为基础的大陆法系国家，对合理使用的具体行为进行了明确的规定，“对于使用者

---

❶ 王清．著作权限制制度比较研究［M］．北京：人民出版社，2007：163.

❷ 半天正夫，纹谷畅南．著作权法50讲［M］．魏启学，译．北京：法律出版社，1990：218.

❸ ARMSTRONG T K. Digital rights management and the process of fair use［J］. Harvard Journal of Law & Technology，2006：30－31.

而言，人们在使用作品时可以对自己的行为后果有较为清楚的预测。”❶

2.1 判例法国家

有关合理使用的理念最初以具体判例的方式体现在 1740 年到 1839 年的一系列案件中，英国法官在审判活动中创制了一系列的规则，允许后来作者的使用行为无需以征得原作者的同意为前提。❷

2.1.1 美　国

（1）合理使用的原则

1976 年的美国著作权法是和著作权利益相关的各个群体谈判的结果，该法的法律语言本身受到了来自作者、出版商和其他经济利益实体的影响，最终的成文法体现了来自各方利益的需求。❸然而在这一法律中，我们很难发现来自最终消费者的利益表达需求，美国著作权制度之路仿佛就是一个不断上演的权利人将公有领域的资源逐渐纳入其保护范围的剧集。权利人对公共资源的垄断乐此不疲，并在将这些资源纳入保护范围之内后，在权利内部的各个利益群体之间瓜分。

美国著作权法合理使用制度的适用原则，以可供考虑的判断因素为主导，实际司法活动则以案例为基础规则和认定标准。

在美国著作权法体系中，“合理使用”被视为一项原则，“它允许对一个有版权作品的表达性成分（即由著作权实际保护的成分）进行某种复制，即使权利人并没有授权复制，该复制行

❶ 刘海虹．欧盟网络环境下的著作权限制制度协调的困境：以欧洲法院（ECJ）Infopaq 案为视角［J］．河南教育学院学报（哲学社会科学版），2011，2.

❷ ZWART M D. A historical analysis of the birth of fair dealing and fair use：lessons for the digital age［J］. Intellectual Property Quarterly，2007.

❸ MAGGS P B. The balance of copyright in the United States of America［J］. American Journal of Comparative Law，2010.

为也不被视为构成侵权”。这一原则通过美国著作权法第107条法典化，该条规定“为了批评、评论、新闻报道、教学（包括用于课堂的多件复制品）、学术或研究之目的而使用版权作品的，包括制作复制品、录音制品或以该条规定的其他方法使用作品，系合理使用，不视为侵犯版权的行为。任何特定案件中判断对作品的使用是否属于合理使用时，应予考虑的因素包括：①该使用的目的与特性，包括该使用是否具有商业性质，或是否为了非营利的教学目的；②该版权作品的性质，主要考虑被使用的著作是否经过发表，或者是否被作者保密；③所使用的部分的质和量与版权作品是否作为一个整体的关系；④该使用对版权作品之潜在市场或价值所产生的影响。作品未曾发表这一事实本身不应妨碍对合理使用的认定，如果该认定系考虑到上述所有因素而做出的。”

作为一个原则性的条款，美国著作权法中并没有一个明确的“合理使用”的概念，美国Joseph Story法官在*Gray v. Russell*案和*Folsom v. Marsh*案中，体现了合理使用的基本理念，被看成是美国著作权法中有关合理使用制度的蓝本。[1] 1839年，Joseph Story法官于*Gray v. Russell*案中认为判断利用他人著作是否构成著作权之侵害，重点不在于引用部分之数量，而在该部分之价值；[2] 1841年，在*Folsom v. Marsh*案中，该法官判决出版过多册乔治·华盛顿书信集的Folsom胜诉，原因在于被告Marsh在其出版的一本866页的书中，摘录了多达350页的华盛顿的书信。自此以后，“合理使用”这个概念不断地在判例中经受着考验。

在1842年*Campbell v. Scott*案中，法官对作品使用所应尽的基本义务作了规定，认为简单地大量直接引用他人的作品而不进行说明或评价的情形，不得适用合理使用，认为对于决定第三人

---

[1] 吴汉东．论合理使用［J］．法学研究，1995（4）：43－50.

[2] 10 F. Cas. 1035 C. C. D. Mass.（1839）.

利用享有著作权的作品不具有正当性（justifiable），并且不构成侵犯著作权的情形，不应当直接通过形式上或实质上（in form or in substance）的对作品内容的使用来判断侵权与否，而是应当通过判断该使用行为是否因使用而构成侵害著作权人的成果，如构成这一损害，即应当将它视为侵权构成要件。[1]

在1867年 *Scott v. Stamford* 案中，法官对使用他人作品的目的进行了排除性的说明，使用行为不得以损害原著价值和市场为营利动机和目的；在1869年 *Lawrence v. Dana* 案和1896年的 *Simms v. Stanton* 案中都提到了合理使用的前提是对作品已经固定下来的表达形式的使用，对思想、观念、风格等不作为可保护的对象。[2]

1869年，"fair use"一词才首次出现于 *Lawrence v. Dana* 案中，但1909年的著作权法及此后很长一段时间，未能将"fair use"一词进行法典化的解释，原因在于对何种使用行为可被认定为"合理"难以定论。[3] 1976年的著作权法开始对合理使用予以明文的规定：出于批评、评论新闻报道、教学、学术和研究等目的，可以将有版权的作品完全复制。

（2）由技术进步因素产生的对合理使用原则的挑战

随着科技的进步，对受保护的作品的复制方式越来越多，以下案例反映了合理使用原则在美国判例中的变化。

1973年，在 *Williams & Wilkins Co. v. The United States* 案中，著作权权利人指责拥有大量书籍报刊的图书馆允许图书馆和研究机构利用复印机复制受版权保护的文章，争议的焦点在于图书馆

---

[1] 蔡惠如．著作权之未来展望：论合理使用之价值创新［M］．台北：元照出版公司，2007：66－67.

[2] 徐鹏．论传播技术发展视野下的著作权合理使用制度［D］．长春：吉林大学，2011：13.

[3] HENSLEE W. You can't always get what you want, But if you try sometimes you can steal it and call it Fair Use：A Proposal to Abolish the Fair Use Defense for Music［J］. Catholic University Law Review, 2009, 58 Cath. U. L. Rev. 663.

的复制行为是否属于合理使用。[1]虽然法院最终判定图书馆为读者个人提供复印服务属于合理使用的情形，但在随后的美国著作权法第 108 条中增加了“禁止大量复印”的例外规定。在这一案件之后，1978 年在美国国会的倡导下，美国成立了非营利性的著作权清算中心，该中心的性质为著作权的集体管理组织，通过该组织的中介服务，权利人获得了一定数量的复印许可使用费，很大程度上解决了著作权使用的获利问题。[2]这种对著作权权利人的补偿措施实质上将图书馆复制行为排除在合理使用制度之外，是一种法定许可制度的情形，这是由复制技术的进步决定的，著作权权利人的利益因复印机的出现受到了实质性的损害。然而客观上，对于公众的这种复制行为，权利人无法实现通过统计书籍的销售数量那样来控制“复制”的数量，那么法定许可的方式将成为解决方案。

1982 年，在 *Encyclopedia Britannica Educational Corp v. Crooks* 案中，法官认为学校有组织地、一贯地对电视节目进行录像，并且在教学过程中重复使用的行为不属于合理使用。[3] 1976 年，美国在针对著作权法的白宫报告中，就基于教学目的而录制节目的行为作了很详细的条件说明。对节目进行录制并且在课堂上播放的行为，涉及合理使用中基于教育目的而得以使用享有著作权的作品的原则，该报告建议这种留存录制节目的行为可以以 45 天为限，超过这一时限，便不再适用合理使用的原则；除此之外，教学使用的录像播放行为还应当具备若干条件：录制行为是以教师的教学要求为前提条件的；由于电视节目播放时间的局限性，不得不对教学使用的节目进行录制；录制后用于播放的次数应当限为 1 次；播放录制节目需要与教学活动紧密相连，否则便不再

---

[1] 487 F. 2d 1345 (Ct. Cl. 1973).

[2] 张今．著作权法中私人复制问题研究：从印刷机到互联网［M］．北京：中国政法大学出版社，2009：54－55.

[3] 542 F. Supp. 1156 (W. D. N. Y. 1982).

是合理使用的行为。[1] 1984 年，在 *Sony v. Universal Studio* 案中，法院判定“为了改变观看时间而将电视节目录在录像带上供个人使用，属于合理使用”。[2]这是一个因私人复制行为而引发的诉讼，美国环球影业公司和迪士尼影业公司认为制造和销售索尼公司 Bebamax 录像机的这项技术，在事实上帮助了消费者实现侵权行为。1992 年，美国颁布的家庭录音法案中，为私人录制行为免责，任何人不得对非营利性私人录制行为提起侵犯版权之诉；设立著作权补偿金，制造空白数字录音设备及介质的厂商必须缴纳法定授权金，以补偿著作权人因家庭录音行为可能遭受的损失；凡在美国境内销售的数字录音设备必须加装具有防止数字文件被多次复制功能的系统。[3]在这一法案中，对“非营利性”私人录制行为的界定是以技术条件为前提条件的，私人复制的数量、个人录制节目的质量、私人复制可能传播的范围在当时都不足以对权利人的销售市场造成实质性的损害，就技术发展的速度和现状而言，非营利性的私人复制已经不再适合成为一个可以适用合理使用的免责事由，知识传播的硬件系统已经发生了翻天覆地的变化，私人复制行为只能通过极为具体的情形来判断，但该行为本身应当如何定位尚存争论。

1986 年，在 *Maxtone - Graham v. Burtchaell*[4]案中，Burtchaell 著作的第 1 章节约为 37000 字，他引用了作者 Maxtone - Graham 大概 7000 字的内容，该内容涉及有关“错误的妊娠”的一段对某个当事人的采访记录。Burtchaell 的著作共 325 页，第一章约为 60 页，法院判决认为被告的行为应当适用合理使用，被告仅对原告作品中约 4.3% 的内容进行了摘录，并且原告在书中标注

---

[1] Guidelines for Off - the - Air Recording of Broadcast Programming for Educational Purposes, Cong. Rec. @ E4751, October 14, 1981.

[2] 464 U. S. 417 (1984).

[3] 张今．著作权法中私人复制问题研究：从印刷机到互联网［M］．北京：中国政法大学出版社，2009：56.

[4] 803 F. 2d 1253 (1986).

了该部分引用的出处。[1]被告在使用原告作品的过程中，就引用的许可问题与原告进行过持续的商讨，且最初获得了原告的认可。但是原告对最终出版物上的引用提起了侵权主张，该案基于对合理使用原则四要素的判断，被告的引用行为被判为属于合理使用。

从合理使用的使用原则上可以得到如下结论：被告的引用行为不会导致消费者将被告作品视为原告作品的替代品的结果，被告对原告作品中内容的引用目的为评论且不是直接的、具有商业目的的使用。近年，与这一判定原则相关的案例还体现在 2008 年美国总统大选时，当时竞选人麦凯恩的竞选短片中使用音乐作品而产生的一场诉讼，即 *Browne v. McCain*[2] 案。在竞选短片的背景音乐中，法院认定该使用行为属于合理使用，该广告片中使用了多个音乐片段且均获得原作者的同意，主要原因在于在新作品中的使用目的已不同于原作品，不影响原作品的使用及市场。

Campbell v. Acuff - Rose Music 案中合理使用的合法性意味着，即便使用者曾经申请了授权且被拒绝授权，其使用行为依然是合法的。关于模仿与嘲弄的案例，则不断地挑战着合理使用的范围和界限，适用合理使用的情形越来越严格。在美国具体的案例所确定的原则，都是一种协调各方利益，旨在为达到一个暂时统一而相对平衡的结果。

2.1.2 英　国

英国使用"dealing"一词的渊源显然与著作权法最初作为一项贸易规则而被制定有关。英国公平交易原则在其国内的发展经历了近两个世纪，1911 年首次出现在英国著作权法中。[3]现行英国著作权法第 19 条规定任何未经授权的公开表演、播放或者放映都是禁止的，不以商业目的为判断标准，包括授

[1] 803 F. 2d 1253 (1986).

[2] Case No. CV 08 - 05334 (2008).

[3] UK Copyright Act, 1911, Section 2 (1) (i).

课、演讲、讲话等。第21条规定改编或与改编有关的行为是禁止的。

英国著作权法的规定比美国著作权法的权利限制范围更小，对合理使用的适用更为严格。主要考虑以下几个因素[1]：①作品的性质，如果使用了未经发表的作品，或者是机密的作品，将导致被告败诉；②获取作品的方式，如果作品被泄露或被剽窃，对这一作品的任何使用都不太可能是合理的交易行为；③对作品使用的数量很少，同时这种使用有利于合理交易。但在某些情况下，它也可能是对整个作品的使用，比如作品内容本身比较简短。④使用的方式是否改变了原作品的形式，改变越大，使用合理交易的可能性越大；[2] ⑤商业利益，如果对原作品的使用行为使得使用人实际上获取了经济上的利益，这将导致对使用人的使用目的的负面评价，即可能是一种非合理交易的情形，除非是基于公共利益为目的的某些研究；[3]⑥关于使用行为的动机，法院采用了目标标准，并考虑是否存在恶意的或利他的动机；⑦使用行为的后果，这个因素是关于在交易市场上新作品的使用行为对原作品所产生的影响，尤其是在竞争环境下，如果一个新的作品取得了一个替代品的地位，那么就不应当将这种使用行为视为公平交易；⑧使用的目的，关于合理交易的规定列举了使用的目的，包括供研究或私人学习；用于批评或评论；用于报告当前的

---

[1] AGOSTINO G A. Healing Fair Dealing? A Comparative Copyright Analysis of Canada's Fair Dealing to U. K. Fair Dealing and U. S. Fair Use [J]. McGill Law Journal, 2008.

[2] David Vaver, Copyright, vol. 2 (1998) at 522 [unpublished, archived at Osgoode Hall Law School Library]. 引自 AGOSTINO G A. Healing Fair Dealing? A Comparative Copyright Analysis of Canada's Fair Dealing to U. K. Fair Dealing and U. S. Fair Use [J]. McGill Law Journal, 2008.

[3] Newspaper Licensing Agency Ltd. v. Marks & Spencer Plc, [1999] R. P. C. 536, [1999] E. M. L. R. 369 (C. A.) [Marks & Spencer] 引自 AGOSTINO G A. Healing Fair Dealing? A Comparative Copyright Analysis of Canada's Fair Dealing to U. K. Fair Dealing and U. S. Fair Use [J]. McGill Law Journal, 2008.

事件。[1]

英国著作权法中关于合理交易的内容引发了很多学术争论。有学者认为该规定没有实质的原则，并且包含了太多的障碍，[2]当判断一个交易行为是否合理时，它很难通过所有上述判断因素而达到“合理”的彼岸，这为实际操作带来了很大的困难。

（1）对公平交易的使用目的的判定

判定使用目的的第一个因素是合理交易的发生是否是用于研究或私人学习的目的，英国法院认为研究和个人学习必须是一个非商业目的行为。“有关合理使用的规定，针对临时复制品，它的使用范围限于个人研究与学习，也就是说，一个限于自家屋檐下的使用行为才是被允许的。”[3]

但是，英国一些评论家认为，对数据库的使用是否适用合理交易的目的判断标准是有待商榷的，如果在商业培训的情况下，也会构成研究或私人学习。但是，仍然难以判断何谓“商业”的一个关键因素可能是私人研究用途。另外，需要考虑的因素还包括复制的数量在市场上的效果，因为这样的复制带来了大量已传播受保护的资源，另外，以此为目的使用并不适用于广播、录

[1] 英国著作权法第三章规定了版权使用的例外情形，第 28A 条规定临时复制品之制作的情形，第 29 条规定研究和个人学习的情形，第 30 条规定批评、评价和新闻报道的情形，第 31 条对版权作品之附随性使用作了说明，在随后的细则条款中，对各种合理使用行为的具体情形作了细致的规定，包括有关“视觉障碍”的条款；以教育为目的使用的条款（第 32 ~ 36 条）；图书馆与档案馆的使用条款（第 37 ~ 44 条）；与公共管理相关的条款（第 45 ~ 50 条）；与计算机软件相关的条款（第 50 条）；与设计相关的条款（第 51 ~ 53 条）；与字体相关的条款（第 54 ~ 55 条）；关于电子形式作品的第 56 条；及其他细则等。

[2] Carys Jane Craig, Fair Dealing and the Purposes of Copyright Protection（LL. M. Thesis, Queen's University, 2000）［unpublished］引自 AGOSTINO G A. Healing Fair Dealing? A Comparative Copyright Analysis of Canada's Fair Dealing to U. K. Fair Dealing and U. S. Fair Use［J］. McGill Law Journal, 2008.

[3] 引自 AGOSTINO G A. Healing Fair Dealing? A Comparative Copyright Analysis of Canada's Fair Dealing to U. K. Fair Dealing and U. S. Fair Use［J］. McGill Law Journal, 2008.

音或电影。

判定使用目的的第二个因素是用于批评或评论目的的合理交易。对于使用行为的目的是否可归于批评或评论的范畴，首先要求使用人是否是通过合法的途径获取被使用的作品，否则该使用行为就不是一个合理交易的行为。在 *Sillitoe v. McGraw – Hill Book Company*❶ 案中，法院判决认为对原作品内容的大量引用及缩编，导致消费者通过阅读被告的评论来替代购买原著作，即该使用行为影响了原作品的市场销售，这种达到影响原著作销售的引文、缩编或评论的行为不能归于合理交易中的批评或评论。在 *Newspapers Group v. News Group Ltd* ❷案中，作为被告的《太阳报》刊登了温莎公爵和公爵夫人的信件，而这些信件的权利所有人是原告《每日邮报》的，如果被告仅仅是对这一事件进行新闻性质的报道，则完全没有必要刊登这些信件，然而被告刊登信件的目的就是吸引读者，其引用行为的动机是一项“商业性质的使用”。法院判定被告侵权，不能以新闻报道为由适用公平交易的情形，原因就在于“被告的动机是有意识地有偿使用作品而不是一种评论，并且以实现经济利益为驱动因素。”

判定使用目的的第三个因素是用于当前事件报告——即新闻报道——的合理交易行为。当前事件报告的目的，一般被解释为新闻报道。在 *Pro Sieben Media v. Carlton Television*❸案中，反映了关于新闻报道的合理交易的适用较为严格。Sieben 公司制作了一期访谈类节目，主题是对一位八胞胎的孕妇进行采访，而 Carlton 公司对该长达 30 分钟的节目进行了复制，并且将其剪接为一个 30 秒的节目进行了报道。德国 Sieben 公司认为 Carlton 的使用行为侵犯了其著作权，而 Carlton 公司则认为他的行为属于法律所允许的公平交易的行为，因为这是作为一项对当前事件的报道而

---

❶ ［1983］ F. S. R. 545.

❷ ［1986］ R. P. C. 515.

❸ ［1999］ 1 W. L. R. 605.

进行的复制。但是 Sieben 公司认为，他们为拍摄这一节目向被采访者支付了报酬，而 Carlton 公司的报道则可能成为该完整节目的替代品，从而使其经济利益受损。

大法官沃克认为，批评或评论不仅限于针对一个概念，对当前事件中社会的或有关道德的相关评论也可以适用于公平交易中，通过节选原节目中的部分内容制作一个报道的行为符合评论的特点，因此该行为属于公平交易的行为。

（2）该交易必须是公平的

*Hubbard and another v. Vosper and another*❶案在英国著作权法中占有重要的地位，它设立了公平的主要测试标准，用以证明被告使用行为是公平的。1956 年的英国著作权法第 6 条中，Hubbard 案对“公平”的概念作出了阐释，西里尔霍氏的一名前教会成员，依据一本书上的内容，写了一本拉法叶·罗纳德·哈伯德创办的教会的书。争议的问题是，Vosper 的使用是否侵犯了 Hubbard 的著作权。丹宁勋爵表示，交易是否公平的问题取决于事实和程度，在所有的情况下，以及在一个特定的情况下，必须全面考虑，然而，准确定义什么是“公平交易”是不可能的，它必须是一个度的问题。必须首先考虑数量和范围以及对实质性内容的利用，是否因为它们被使用的太多或者太长就无法适用公平原则吗？其次，还必须考虑对它们进行的使用。如果它们被用来作为一个评论被发表，在批评或评论的基础上，这可能是一个公平交易。如果它们被用来传达相同的信息，达到成为笔者的竞争者目的，这可能就是不公平的。最后，必须考虑引用比例的问题，对一段内容进行引用，并附上简短的话，可能是公平的。但是，短的引文和长的注释也可能是不公平的，而此时就可能介入其他方面的考虑。毕竟说的和做的不同，它必须是对一个具体问题的印象。因此，法庭必须权衡使用作品的范围和比例在原来作品中的地位，即便是使用了（例如，以一个竞争者出现的方式）

❶ ［1972］2 Q. B.

一个完整的作品也可能受到公平交易的保护。自 1998 年人权法案后，法院需要灵活考虑公众利益是最重要的。

(3) 判定的因素

在 *Ashdown v. Telegraph Group Ltd* 案中，❶法院制定了一个分层次的因素：

① 被指侵权的使用对著作权拥有人对作品的利用是否有市场替代的可能，如果公平交易发生的适用行为导致新的作品取得了可以替代原作品的地位，那么公平交易“是注定不得适用的”。

② 作品是否已经出版或在出版之前曾在公众中曝光过，如果没有，便不得使用公平交易原则，特别是通过一些非正常的手段获取作品的时候。

③ 使用的程度和使用部分的重要性。使用的验证方法是审视被告人所用的程度是否为必须，用以达到其相关的目的。

另外还需要考虑的因素包括：

④ 考虑被控侵权者的使用动机，例如有关使用是否利用以公平交易为由进行掩饰；

⑤ 考虑使用目的，该使用是否为必须而为；

⑥ 如果被使用的作品未曾发表，则该复制使用的行为是否为被告人盗窃所得或以其他的方式获得。已发表或未发表的作品性质可能产生相反的结果 。

在英国，市场的影响是最重要的因素，市场影响着作者的获得报酬权，这要求法院需要提高对这一因素的重视。

2.1.3 加拿大

加拿大著作权法最初与合理使用制度相关的规定与英国近似，随后受到美国著作权法的影响，加拿大制定了著作权法中的合理使用条款。相关条款规定合理使用限于以研究和个人学习、批评或评论、新闻报道为目的的对著作权作品的使用。这些行为

---

❶ LADDIE, PRESCOTT, VICTORIA. The Modern Law of Copyright and Designs [M]. 3ed. London: Butterworths, 2000.

被要求满足特定的目的之一时，才属于合理使用的范畴。因为“如果使用目的不属于著作权法明确规定的情形，法院根本无法使用合理使用豁免。”❶随着加拿大在判决中将“使用者权”的概念纳入著作权法体系的核心概念之后，著作权法在促进公共利益和为创造者提供赢得的回报之间谋求了一种新的平衡，将合理使用的行为由消极地理解为一个单纯的例外转向将它理解为属于著作权法的一部分的使用者权。当然，加拿大著作权法依然对适用合理使用的行为进行了非常具体的规范，以避免该制度被滥用而带来著作权人利益的损失。

数字技术的应用同样为衡量合理使用的恰当与否带来了挑战，“在数字世界里，版权‘平衡’的实现不再完全由复制概念决定。”❷可以想见，数字技术所带来的冲击，是对整个著作权制度中核心的“复制”这一行为的颠覆，传统的利益平衡被打破了，使用者在数字环境下的浏览行为，在什么情况下应当给予作者相应的回报依然是数字环境下应当关注的核心问题。

加拿大 CCH 公司（CCH Canadian Ltd，全称为 Commerce Clearing House）、加拿大法律图书公司（Canada Law Book Inc.）、加拿大汤姆森公司（Thomson Canada Ltd.）等多家法律出版商起诉安大略上律师协会（the Society of Upper Canada，以下简称“律师协会”）案（简称“CCH 案”）对加拿大著作权法的影响和发展有着重要的影响。自 1845 年开始，律师协会运营一家大型图书馆，并发展成为加拿大法律类文献资源最丰富的图书馆之一。该图书馆为读者提供复印服务，同时为读者提供文件传输服务，即通过邮寄或者传真的方式向请求者发送副本。1993 年，

---

❶ 在 CCH 案中，林登法官关于对著作权法采用封闭式列举目的的重要影响的解释。转引自迈克尔·盖斯特. 为了公共利益：加拿大著作权法的未来［M］. 李静，译. 北京：知识产权出版社，2008.

❷ Litman. Digital Copyright［M］. Amherst：Promehteus Books，2001：178，转引自迈克尔·盖斯特. 为了公共利益：加拿大著作权法的未来［M］. 李静，译. 北京：知识产权出版社，2008.

法律出版集团（CCH）联合对律师协会提起侵权诉讼，认为该图书馆侵犯了 CCH 出版多种作品的版权，同时申请禁令，禁止图书馆发生侵权行为。律师协会否认其行为侵权，它认为，基于研究的目的，图书馆工作人员对既决案件的判决、案件摘要、法律法规或某条约的有限部分的文本进行单个复制的行为、用户进行自主复印的行为，均属于加拿大著作权法中所规定的“合理使用”的范畴。该案联邦上诉法院最终裁定，支持了 CCH 提出的对所有涉案作品拥有版权的利益诉求，但是图书馆制定了合理的资源访问政策，在这一政策框架内对作品进行复制没有侵犯版权，从而明确了著作权法中的使用者权。

2.2 大陆法系国家

世界上有很多国家对合理使用制度的规定融合了原则和列举的情形。如韩国著作权法采用此种立法模式，即明文列举允许使用的各种情形，同时也规定一系列在判断特定情形是否构成合理使用时可供参考的因素。[❶]然而有观点认为，在就著作权权利限制与例外的情形以列举方式进行规定的绝大多数国家中，法院对于合理使用大多采取较为封闭与谨慎的态度，实际判例中很少基于立法列举的类型之外去判断其他行为的合理性。[❷]这一现象客观上说明了合理使用制度在当下的司法环境中的地位。

2.2.1 德　　国

德国著作权法第 6 节中规定了对著作权的限制制度，对合理使用的适用情形较为严格，比如在第 47 条中规定针对学校的播放行为与美国相似，其规定：①该法允许学校以及师范和教师进修机构将学校广播电视播放的著作转录成音像制品，并且制作个

❶ 宋海燕．从各国著作权法的实践看中国法律中的合理使用：google 图书馆计划案引发的思考［J］．中国版权，2011，1.

❷ 朱莉·E. 科恩，等．全球信息化经济中的著作权法［M］．北京：中信出版社，2003：494.

别的复印件。该规定亦适用于青少年福利救济机构和国营农村教育机构或者类似的国家负担的机构。②该音像制品只能用于课堂教学，并应当最迟自转录学校广播电视播放起至下一学年结束前消磁，除非付给著作权人适当报酬。针对不同的作品，德国著作权法规定了不同的引用自由范围和方式。为促进科学工作，不仅允许引用他人作品中小的段落，而且允许在一篇科学论文中复制整篇文章，在文化史书中复制整篇诗歌，在艺术史书中复制造型艺术品，在技术作品中复制科技的描述，即所谓的“大引用”。同时又规定了“小引用”的情形，即为促进文化和音乐创作，对文学艺术品只能是片段引用，引用者不能省去自己的阐述并通过引用予以代替。[1]

2.2.2 日　本

同典型的大陆法系的立法相同，日本现行著作权法关于著作权权利限制的规制采用了列举的方式，即根据作品的使用目的、使用状况对个别情形进行列举性的规定。但是近几年，由于互联网技术的发展以及传播方式的多样化，日本计划近期对著作权权利限制部分进行修改，拟采用美国著作权法的形式。2009年日本的修法内容主要以扩大著作权权利范围，同时更严格的限制权利范围为核心。

主要表现在：第一，扩大权利范围。在以私人使用目的进行的复制中，复制权及于知道事实进行接收侵害著作权的自动公众传播的数字方式的录音或者录像。第二，限制权利范围。①在日本国立国会图书馆，代替图书馆资料的原件，为供公众使用，在认为必要的限度，可以制作电子记录本。②从事关于视觉或者听觉障碍人士福祉事业的人，由政令规定的人，专门为供视觉或者听觉障碍人士之用，在认为必要的限度，可以通过将文字改为声音或者将声音改为文字需要的方式进行复制。③美术或者摄影作

[1] 单晓光，刘晓海．德国联邦宪法法院关于宪法规定的艺术自由和著作权法规定的合理引用关系的判决［J］．知识产权研究，2004，1.

品原件的所有人，不侵害著作权人的转让权或者出租权而拟进行该原件的转让时，为供转让的申请用，可以进行复制或者向公众传播这些作品。④在营业上以将自动公众传播装置供他人传播之用而开展活动的人，在防止因自动公众传播装置故障妨碍传播目的上，在认为必要限度内，可以将进行可传播的作品记录到记录媒体上。⑤国际互联网信息检索服务经营者，在认为必要限度内，可以将可传播的作品记录在记录媒体，以及使用该记录和信号源识别标记一起进行自动公众传播。⑥为用计算机进行作品信息分析，在认为必要的限度，可以记录在记录媒体。⑦在计算机使用作品时，为顺畅并高效地进行信息处理，在认为必要的限度，可以将作品记录在计算机记录媒体。⑧在著作权人或者著作邻接权人下落不明时，提出文化厅长官裁定制度申请的人，在提存了文化厅长官规定数额的担保金时，到出现该裁定结果之间，可以按照申请裁定的使用方法使用该作品。⑨对著作权登记簿、出版权登记簿及著作邻接权登记簿，可以用磁盘制作其全部或者一部分。❶

日本著作权法的这次修改顺应了技术发展带来的对法律制度的挑战，尤其在对著作权权利限制制度上，采取了更为严格谨慎的态度，但是在针对计算机使用作品的情况下，也给予了使用者以一定的复制行为的空间，同时在基于公共利益的考虑时，强调了政府的职能，并体现了行政机关在针对孤儿作品的处理上有一套完整的方案。

2.3 国际条约

《保护文学和艺术作品伯尔尼公约》（以下简称《伯尔尼公约》）中明确了著作权的限制和例外，成员国可以对以下行为进行规定，①作为一项对例外进行规定的一般条款，第 9 条第 2 款："本同盟成员国法律允许在某些特殊情况下复制上述作品，

❶ 杨和义．日本著作权法律的新变化及其特征［J］．海峡法学，2010，1.

只要这种复制不损害作品的正常使用也不致无故侵害作者的合法利益。”②第2条之二第2款规定：报刊或广播组织对讲课、演说或其他同类性质的作品加以复制；③第10条第1款：从一部合法公之于众的作品中摘出引文，包括以报刊提要形式引用报纸期刊的文章，只要符合合理使用，在为达到目的的正当需要范围内，就属合法。④第10条第2款：本同盟成员国法律以及成员国之间现有或将要签订的特别协议得规定，可以合法地通过出版物、无线电广播或录音录像使用文学艺术作品作为教学解说的权利，只要是在为达到目的的正当需要范围内使用，并符合合理使用。TRIPS第13条对著作权的限制和例外规定为：各成员对专有权作出的任何限制或例外规定仅限于某些特殊情况，且与作品的正常利用不相冲突，也没有不合理地损害权利持有人的合法利益。

三步检验法是对具体的著作权限制和例外的情形的一项原则性描述，它包含的三个要素分别是“对权利人限制适用的具体描述”“例外情形的存在原因”“例外行为的后果”。

第一步：某些特殊情况。

“某些特殊情况”应当被理解为例外只能发生在某一具体的使用目的。“涵盖诸多对象或使用方式的宽泛例外，被认为与这一规定不符。此外，例外应当由于某已明确的公共政策或其他特殊情况而被证明是正当的。”[1]

第二步：与作品的正常利用相冲突。

是否具有商业性质客观上很难分辨，而且并非每一种对作品的商业性利用都会给权利人造成实质性的损害。然而，当合理使用的使用情形与权利人在正常情况下获取经济利益的方式产生竞争的时候，就会产生利益冲突，[2] 从而对权利人带来损害。因

---

[1] 联合国贸易与发展会议国际贸易和可持续发展中心．TRIPS协定与发展：资料读本［M］．剑桥大学出版社，2005：172（非公开出版物）。

[2] 联合国贸易与发展会议国际贸易和可持续发展中心．TRIPS协定与发展：资料读本［M］．剑桥大学出版社，2005：174（非公开出版物）。

此，对正常利用的判断应当排除竞争关系的发生。

第三步：对权利人的合法利益的不合理损害。

当例外或限制为权利人带来收入损失时，那么这种行为就是不合理的，这对权利人的利益带来实质性损害的后果。

WTO争端解决小组在欧盟针对美国版权法第110（5）条提起的*Fairness in Music Licensing*（*DISPUTE DS*160）案中作出了对三步检验法的解释，即①三步检验法是累积性的条件，某一行为必须符合全部三个条件，才能视为满足了三步检验法的要求，违反三步检验法中的任意一个条件，都是对三步检验法的违反；②“特殊情况”的适用范围相当狭窄，而且必须有明确的界定；③影响对作品的合理利用，是指该种行为与权利人从作品中获得经济利益的通常方式产生竞争关系。[1]

欧盟国家对三步检验法在司法实践中的适用差别比较大，法国、荷兰等国遵循较为严格的适用规则，而德国、西班牙等则以相对宽松的标准进行适用，这种差异与各国国内关于著作权限制的条款体系相对应，就德国而言，其权利限制制度体系较为详细，对合理使用的适用情形的列举相对充分，因此，其对三步检验法的适用则以较法国宽松的原则予以体现。

学界存在是否在我国著作权法中加入三步检验法的争论，有观点认为三步检验法与合理使用判断四原则的差异在于，三步检验法本身的适用条件比较苛刻，使合理使用的适用范围受到了很大的限制，与美国的合理使用原则的综合判断不同的是，“只要违反其中一条，即构成对三步检验法的违反。”[2]当对受保护作品的经济利益造成影响时，便不得适用，这使得客观上将合理使用制度架空，有损公共利益。

三步检验法与合理使用判断四原则本质上是相同的，在我国修法过程中考虑选择哪种形式作为原则性条款，需要从整个著作

---

[1][2] 殷源源．三步检验法：是否有必要加入《著作权法》［J］．中国知识产权杂志，66.

权权利限制制度的架构中把握，首先确立对于合理使用的适用情形是否能够做到同德国或日本一样“事无巨细”的罗列，当所列举的情形基本能够满足司法实践的需要时，可以选择采用合理使用四原则作为兜底条款，相反，随着技术的不断演进，法律中所罗列的具体情形难以满足实践需要时，就需要一个相对严格的合理使用的判断标准。另外，由于三步检验法为合理使用的适用建立了一道高墙，客观上有助于法定许可制度的发展，既维护了权利人的经济利益，又能够确保公共利益的实现。

2.4 我国的立法状况

2.4.1 法律规定

我国《著作权法》第22条规定了合理使用的具体情形[1]，同时，《著作权法实施条例》中体现了“三步检验法”的规则，其第21条规定：依照著作权法有关规定，使用可以不经著作权人许可的已经发表的作品的，不得影响该作品的正常使用，也不

[1] 在下列情况下使用作品，可以不经著作权人许可，不向其支付报酬，但应当指明作者姓名、作品名称，并且不得侵犯著作权人依照本法享有的其他权利：（一）为个人学习、研究或者欣赏，使用他人已经发表的作品；（二）为介绍、评论某一作品或者说明某一问题，在作品中适当引用他人已经发表的作品；（三）为报道时事新闻，在报纸、期刊、广播电台、电视台等媒体中不可避免地再现或者引用已经发表的作品；（四）报纸、期刊、广播电台、电视台等媒体刊登或者播放其他报纸、期刊、广播电台、电视台等媒体已经发表的关于政治、经济、宗教问题的时事性文章，但作者声明不许刊登、播放的除外；（五）报纸、期刊、广播电台、电视台等媒体刊登或者播放在公众集会上发表的讲话，但作者声明不许刊登、播放的除外；（六）为学校课堂教学或者科学研究，翻译或者少量复制已经发表的作品，供教学或者科研人员使用，但不得出版发行；（七）国家机关为执行公务在合理范围内使用已经发表的作品；（八）图书馆、档案馆、纪念馆、博物馆、美术馆等为陈列或者保存版本的需要，复制本馆收藏的作品；（九）免费表演已经发表的作品，该表演未向公众收取费用，也未向表演者支付报酬；（十）对设置或者陈列在室外公共场所的艺术作品进行临摹、绘画、摄影、录像；（十一）将中国公民、法人或者其他组织已经发表的以汉语言文字创作的作品翻译成少数民族语言文字作品在国内出版发行；（十二）将已经发表的作品改成盲文出版。前款规定适用于对出版者、表演者、录音录像制作者、广播电台、电视台的权利的限制。

得不合理地损害著作权人的合法利益。

我国著作权法中有关权利限制制度是以“规则主义”为立法原则的，其中许多条款已经不能在数字技术条件下为著作权利人提供保障的功能，如以个人欣赏为目的的使用行为被归于合理使用的范围，这种描述是不确定的，对受保护作品的任何使用行为都可能是以个人欣赏为最终使用目的的；第 2 款规定，针对为介绍、评论某一作品或者说明某一问题在作品中适当引用的行为没有一种原则性的制约条款以及程度的条款；另外，对于第 9 款的规定，合理使用的界限以表演未向公众收取费用和未向表演者支付报酬为限，这种描述不能等同于商业性用途，因此存在设计缺陷；对于第 8 款针对图书馆、档案馆的复制行为没有一个复制数量上的限定，为上述机构在有条件购买原作品的前提下依然对作品进行复制提供了空间，这必将为权利人带来损失；在第 7 款中，针对国家机关为执行公务在合理范围内使用已发表作品的规定客观上缺乏法理上的正当性理由。而现实生活中对第 5 条的适用也存在很大争议，新闻报道这一现代公共事务的文本体系，在西方现代化的各个进程中创造了公众（the public）这一话语概念，而今，它已更多地转向了“私人生活”与“非新闻”的形式，从其日常的政治、经济、文化、公共事务等报道领域扩大到了生活方式、时尚、旅游、家具和园艺、休闲和消费领域，从而进一步模糊了公民和消费者之间的界限。[1]即便是对时事的评论性报道，也可能被归于受权利保护而不得以一种付费的方式使用。

2.4.2 有关合理使用的案例

（1）高考作文配图案

2007 年 11 月，北京市海淀区人民法院开庭审理了吉林市漫画家何平诉教育部考试中心版权侵权案。

---

[1] 约翰·哈特利. 创意产业读本［M］. 曹书乐，包建女，李慧，译. 北京：清华大学出版社，2007：14.

事实部分：2005 年初，何平创作出漫画《摔了一跤》并在《讽刺与幽默》上发表，该作品获得了“漫王杯”漫画比赛优秀奖。他于 2007 年高考后发现在当年全国高考语文命题作文中，使用了该漫画，图中虽然对文字和细节部分有所改动，但是在漫画构思、结构等方面基本与其作品《摔了一跤》一致。何平就这一使用行为致信教育部，但未得到任何回应，随后何平将教育部诉至法院，原告主张被告侵犯了其获取报酬权、署名权、修改权，而被告承认了高考漫画是参照原告作品改编而成，且认为高考作文用图与原作不同。

法院在判决过程中，首先对两幅作品的性质进行了认定。法院审理过程中承认了两幅作品具有相似性，但同时认为漫画作品是绘画作品和语言文字相结合的艺术形式，表达作者对世事人情的看法，取得讽刺或歌颂的效果，给人以启迪和教育的作用。两幅漫画虽然在构图、人物造型及故事设计等方面具有相似性，但是寓意相差很大，而漫画寓意决定了漫画作品的差异，这种差异已经超出了原作品的寓意范畴，形成了新的作品，即为演绎作品。

其次，依据我国《著作权法》第 22 条规定，在合理使用的情形中包括国家机关为执行公务在合理范围内使用已经发表的作品，可以不经著作权人许可，不向其支付报酬。对此，教育部考试中心认为其行为为国家机关执行公务期间的合理使用行为，教育部考试中心虽然不是国家机关，但其组织高考出题的行为属于执行国家公务行为。《中华人民共和国教育法》第 20 条规定，“国家实行国家教育考试制度。国家教育考试由国务院教育行政部门确定种类，并由国家批准的实施教育考试的机构承办。”依据该条规定，教育部考试中心接受国家教育委员会指定承担高校入学考试和高教自学考试等专项任务，执行高考试卷命题等相应公务。教育部考试中心在组织高考试卷出题过程中演绎使用原告作品的行为，无论从教育部考试中心高考出题的行为性质来讲，还是从高考出题使用作品的目的以及范围考虑，都应属于执行公务，在合理范围内使用已发表作品的范畴，应适用我国《著作权法》第22条第1款第7项有关的规定，可以不经许可，不支付报酬。

然而，该案的另一个焦点在于是否承认漫画作者的精神权利，是否应当在高考漫画中明确作品来源，为漫画署名。该案中，法院认为，著作权既是一项私权，同时在制度内部也肩负着平衡公共利益的作用。合理使用制度是在著作权权利人利益受保护的基础上，对著作权人的一种例外限制，其目的在于平衡著作权人、作品传播者以及社会公众利益之间的关系。我国著作权法虽然规定了合理使用的限制条件，但其应为一般的原则性规定，在实践中，基于条件限制、现实需要或者行业惯例，亦容许特殊情况下的例外存在。如《著作权法实施条例》第19条规定，“使用他人作品的，应当指明作者姓名、作品名称，但是，当事人另有约定或者由于作品使用方式的特性无法指明的除外。”法院认为在高考作文中未将相关漫画予以署名即属于上述特殊的例外情况。

法院在判决书中对未署名的合理性作出了如下解释：“一、高考过程中，考试时间对考生而言是非常紧张和宝贵的，考生的注意力亦极为有限，如对试题的来源均进行署名会增加考生对信息量的阅读，浪费考生的宝贵时间，影响考试的严肃性、规范性和精准性。二、看图作文的漫画署名给考生提供的是无用信息，出题者出于避免考生浪费不必要的时间注意无用信息等考虑，采取不署名的方式亦是适当的。三、在国内及国外的相关语言考试中，看图作文使用的漫画亦有不标明作者姓名的情况。另外，就本案而言，考试中心使用的并非是何平的原漫画，而是寓意已有极大不同、凝聚了新创意的新漫画作品，该漫画作品的著作权属于改编人所有，即使署名也不能署原告何平的姓名。故考试中心未在高考作文中使用的漫画上为原告署名，不构成侵权。”

在该案中，未在高考作文中署名是一种无视作者精神权利的行为，法院的如下解释均不能成为蔑视作者精神权利的理由。首先，法院认为考试时间宝贵，在漫画中署名会增加考生的信息量，该署名信息被认为是有违考试严肃性的信息，且认为署名信息是无用信息，会增加考生的阅读量，这些理由都是基于一种价值判断的结论，一幅有署名的漫画作品亦能为考生带来更多的作文思路，同时对考生起到了一种潜移默化的尊重知识产权的教育与警示作用；其次，法院认为参照国内和国外的考试信息中发现，有的考试中亦不署名，这种参照就该案而言没有可比性，同时，这一理由还提示在考试中的漫画中署名也是一种正常的状态，与影响考生状态与否无关。最后，法院认为该漫画已经经过改编，著作权归改编人所有，一方面承认了何平的原作品权利人地位，另一方面又承认了演绎作品的存在，法律上未经授权修改原作的行为确实损害了何平的著作权利，而未对原作品进行署名更是一种变本加厉的侵权行为。

合理使用制度所关注的不仅是“不经授权，免费使用”，同时也强调使用时对作者精神权利的尊重，尽管该案中将高考本身认定为国家机关执行公务，且由于该考试的特殊性，无法事先取得原作者授权，但应当严格遵照合理使用的法律规定，尊重作者的精神权利。

（2）为介绍音乐作品的合理使用

以歌手陈少华诉中国音乐著作权协会侵犯录音制作者权案为例。

事实部分：歌手陈少华，十几年前曾以一曲《九月九的酒》红遍全国。2007 年 10 月中旬，陈少华在武汉市中级人民法院起诉中国音乐著作权协会（以下简称“音著协”），认为音著协未经其本人同意，在其官方网站上提供了《九月九的酒》歌曲片段的试听服务，侵犯了其录音制作者权，并索赔 3 万余元。

在一审中，音著协认为其网站上所提供的署名为陈少华演唱的《九月九的酒》之歌曲片段，是为了介绍音著协会员的作品，为听众提供歌曲片段是以区别歌曲为使用目的服务，没有任何商业性目的；同时，音著协认为其提供的歌曲片段仅有 23 秒，占全曲不到 1/10，小于国际通行的、试听音乐截取的惯例，并未给原告陈少华带来任何经济损失，因此该行为属于《著作权法》规定的合理使用行为，符合法定的可以不经许可、不支付报酬的情形。但是原告律师认为音著协的使用行为属于商业性使用。

武汉市中级人民法院在一审判决中认为，音著协虽受涉诉歌曲的词曲作者之委托管理该作品，在网站上提供该歌曲片段的试听亦有介绍词曲作品的目的，但播放行为涉及演唱者陈少华的表演，仍须得到许可。法庭鉴于音著协网站播放的该歌曲片段仅有 23 秒，更无证据表明音著协因此而营利，音著协的行为对陈少华的权利影响有限，故作出判决：音著协停止在网站上使用陈少华演唱的歌曲《九月九的酒》并赔偿陈少华经济损失及合理支出共计 5900 元。

一审判决后，音著协不服，上诉于湖北省高级人民法院。湖北省高级人民法院二审审理后认为，音著协作为著作权集体管理组织，管理其会员作品除需取得词曲著作权人的授权外，使用涉案音乐作品的表演部分仍需取得演唱者陈少华的许可；但音著协作为维权组织，在其网站提供陈少华演唱的歌曲《九月九的酒》时，已尽到相应的审慎注意和规范自身行为的义务，并采取了必要的防范措施，音著协的行为虽然不属著作权法中明文规定的合理使用的情形，但因该行为显著轻微，且音著协并未从对涉案歌曲的推介中直接营利，也未给陈少华造成任何实际的经济损失，故对陈少华主张的“经济损失”不应予以支持。鉴于此，湖北省高级人民法院终审改判音著协赔偿陈少华涉案合理支出 2900 元，两审的诉讼费由音著协和陈少华分担。

该案争议的焦点是音著协为了推介会员作品在网站上提供歌曲片段的试听服务是否是一种合理使用行为。在我国《著作权法》第 22 条中所列举的 12 项适用合理使用的情形中，音著协以“介绍、评论”为由，认为其行为属于合理使用中“适当”的使用行为。一审法院对此未予认可的主要原因在于法条中没有明文规定音著协的这种使用适用的情形。同时，也是因尊崇“规则主义”立法模式所带来的弊端。两审法院均认为在我国著作权法中未对表演者权的合理使用进行明确的规定，是对著作权法合理使用制度中的兜底条款的忽略，在《著作权法》第 22 条中有明确规定法律中所规定的合理使用适用的规定“适用于对出版者、表演者、录音录像制作者、广播电台、电视台的权利的限制。”而在司法中却没有利用这一条款进行合理的判断实属遗憾。然而，二审法院推翻了一审法院对音著协的侵权认定在一定程度上遵循了著作权权利限制之原则。对音乐作品进行介绍，必须通过一定程度的再现才能为公众提供一种识别的功能。在该案中，从合理使用的适用原则出发分析该再现是否符合合理使用的情形。首先，音著协的使用是出于“介绍会员作品”的目的，而非商业性使用；其次，该作品是已经合法出版的作品；再次，短短不到全面 1/10 的引用是小量而且适当的；最后，短短 23 秒的音乐作品很难对原作品的市场带来替代性的不利后果。事实上，这种介绍性质的使用目的就是为了权利人的作品得以推广，为实现经济利益创造条件。同时，这一使用行为也没有对邻接权人造成任何负面影响，因此该使用行为应当是合理的。

第3章

著作权权利限制的法律关系

“知识财产中的抽象物是指在个人之间的财产关系中起中介作用的‘物’。对于有形物而言，一个人可以通过取得某物而剥夺另一人对该物的所有权。但是，抽象物的性质决定了双方可以使用该物，因而，通过使用而剥夺对该物所有权的这种情况不可能发生。”[1]基于这种抽象物建立起来的著作权制度，有必要针对这一对象明晰各种法律关系，原因在于任何法律制度的构成都是以该制度中所要确立或者要保护的法律关系为基础的，只有确立了法律关系才能分配法律关系中的各方利益。本节首先对著作权法律制度中的权利主体、权利客体、权利对象进行分析，在著作权的法律关系及内容得以确定并划界的情况下，分析著作权合理使用制度中的权利主体和权利客体分别应讨论的问题，从而对合理使用作为一项法律制度而产生的权利和利益关系进行系统的分析。在现存法律及理论中，大多没有对合理使用的法律关系进行较为系统的分析，尤其在立法中，这一“最难说清楚”的制度大多是通过对合理使用的具体适用情形来细化的，本节主要通过著作权制度的法律关系进一步引出权利限制体系内合理使用制度中的法律关系，有助于对这一制度进行原则性的把握。

3.1 著作权制度的法律关系

民事法律关系是指民事法律规范所调整的社会关系，即为民

[1] 彼得·德霍斯．知识产权法哲学［M］．周林，译．北京：商务印书馆，2008：32－33.

法所确认和保护的，符合民事法律规范的，以权利、义务为内容的社会关系。著作权制度是民事法律关系的一种表现形式，即调整作家或者权利人与使用者基于对作品的控制、使用等行为而产生的相互之间的权利与义务的关系。

3.1.1 著作权法律关系的主体

13 世纪的方济会修士圣伯纳文都拉说，写书有 4 种方式：第一类人可以誊写别人的书，一成不变，一字不加，这样的人只能够叫作“抄书人”。第二类人誊写别人的书，加上一点并非自己的东西，此人被称为“编纂者”。第三类人既写自己的，又抄别人的，以别人的东西为主，加一点自己的东西作为解释，该人被称为“评注者”。第四类人既写自己的又抄别人的，但以自己的东西为主，加一点别人的东西作为确认，这样的人应该成为“作者”。[1]

在著作权制度内诸主体中，作者是最主要的著作权主体，是原始的、完整的著作权主体。[2]我国著作权法中罗列了著作权人包括作者和其他依照法律规定而确定的公民、法人或其他组织。著作权的权利主体是依法而产生的。“作为版权主体的‘版权人’，在理论上争论不大，以为版权人可能是作者，也可能是从作者手中受让这一权利的其他人。所以版权人既可以是自然人，也可以是法人，几乎一切有著作权法的国家都承认。”[3]

首先，自然人作为著作权的主体，是作品最原始的创作人，因为只有自然人才能够完成在文学、艺术和科学不同领域中的作品，自然人通过智力活动完成创造，将无形的精神、思想附着于其所表现的作品之上。客观上，只有自然人是唯一的文学、艺术

---

[1] 阿尔维托·曼古埃尔．阅读史［M］．吴昌杰，译．北京：商务印书馆，2002：72.

[2] 冯晓青．著作权法［M］．北京：法律出版社，2010：37.

[3] 郑成思．著作权法（上）［M］．北京：中国人民大学出版社，2009：29.

和科学作品的事实作者。[1]

其次，社会生活中，除自然人外，其他主体也通过利益交换等形式成为法律制度中被认可的著作权的主体，即“法定作者”。[2]巴西著作权法第 11 条规定：文学、艺术或科学作品的作者是创作作品的自然人；在本法规定的情况下，法人也可以享有作者获得的保护。在其第 49 条第 I 款中规定，转移全部作者权时，依然将作者人身权排除在可转让的权利之外，说明法人作为著作权利人时，与自然人的地位是有所不同的。德国著作权法第 7 条规定：著作的创作人是著作人，在其第 2 条第 2 款中强调，本法所称著作权仅指个人的智力创作。

英国著作权法对作者身份的规定较为详细，关于作者的身份，第 9 条规定：（1）本编中与作品相关之“作者”，使之创作作品的人。（2）该人应当为（aa）在作品为录音制品的情况下，制作者；（ab）在作品为电影的情况下，制片者与总导演；（b）在作品为广播的情况下，广播制作者，或者，在通过接收和及时中转传输其他广播的情况，其他广播的制作者；（d）在作品为出版物的版式设计的情况下，出版者。（3）对于计算机生成的文字、戏剧、音乐或者艺术作品而言，作者应是对该作品创作进行必要安排的人。

美国著作权法主要以讨论版权的作品内容以及对著作权的归属问题上直接规定权利归属的几种情形，而没有正面给出著作权主体的定义或具体的划分，即第 201 条规定了著作权的归属：（a）原始归属——依本篇保护之作品的原始著作权属于作品的作者。合作作品的作者为作品著作权的共同所有人。（b）雇佣作品——作品为雇佣作品的，雇主或作品为其创作的他人，就本篇而言，视为作者，享有著作权中的一切权利，但当时双方已签署书面文件作出明确相反规定的除外。（c）集体作品中可分割

---

[1] 刘春田．知识产权法［M］．4 版．北京：中国人民大学出版社，2009：91.

[2] 刘春田．知识产权法［M］．4 版．北京：中国人民大学出版社，2009：91－92.

使用的部分——集体作品中每一可分割使用的作品的版权不同于作为整体的集体作品的版权，原属于该可分割使用的作品的作者。美国版权法中规定的版权的作者即权利人，没有对自然人还是法人进行分别的讨论。任何权利人都可以享有该法中一切版权利益。

3.1.2　著作权法律关系的客体

法律关系的客体是法律关系主体的权利和义务所指向的对象。法律关系的对象主要包括物、给付行为、智力成果和人格利益。这一客体是一定利益的法律形式，法律关系的建立，目的是保护、获得、支配这一利益，法律关系的客体是实现权利和义务关系的中介，因此，法律关系的客体是在法律关系指向的对象身上所实现的利益，这一利益并不是对象本身，因此法律关系的客体是利益而非对象。

对著作权的客体概念的认识，学界有不同的理解。首先将著作权的客体的概念等同于对象的概念，认为"知识产权的客体与对象是同一范畴"❶，如"著作权的客体，是指著作权法律关系中权利和义务所共同指向的对象。它是以某种客观存在的具体形式体现出来的创造性的智力创作成果，即文学、艺术和科学作品"。❷郑成思教授认为著作权的客体指的是具体的作品。

将著作权的客体等同于对象的认识是源于民法理论的一些渊源，在有些民法著作中，权利的客体、标的、对象常作为同一概念来使用。❸吴汉东主张将知识产权的客体概括为"知识产品"，其中，著作权的客体概括地分为文学作品、艺术作品和科学作品，是文学、艺术领域中以不同表现形式出现并且具有原创性的

---

❶ 吴汉东．知识产权基本问题研究［M］．2版．北京：中国人民大学出版社，2009：36.

❷ 冯晓青．著作权法［M］．北京：法律出版社，2010：43.

❸ 吴汉东．知识产权基本问题研究［M］．2版．北京：中国人民大学出版社，2009：36. 参见靳宝兰登．民事法律制度比较研究［M］．北京：中国人民公安大学出版社，2001：64.

创作成果。[1]刘春田教授认为，知识产权的客体和对象是两个不同的事物，知识产权的对象是“知识”本身，而知识产权的客体是指在对象上所施加的、能够产生一定利益关系的行为。[2]

在物权领域，交易即意味着财产的交换，同时也是财产权利的交换，财产权利离开对物的控制便无从说起，财产权与其权利所指标的——财产，两者不可分离，原因在于物的唯一性，物的交易便是权利的交易；然而知识产权的交易脱离了物，其权利的实现在于它可以不断地复制于新的载体之上却不会影响该物的价值，它与自然物在经济上的稀缺性成反比。因此，应当在知识产权法律关系框架内，被交易的是权利，获取利益的是权利，法律关系中的客体就是通过各种不同的权利所实现的行为而不是被交易的对象。

3.1.3　著作权法律关系的对象

(1) 作品的定义

在《伯尔尼公约》中，作品的概念被表述为：“‘文学和艺术作品’一词包括文学、科学和艺术领域内的一切作品，不论其表现形式或方式如何。”[3] 2002 年我国颁布的《著作权法实施条例》第 2 条对著作权法中的作品作了如下描述：“著作权法所称作品，是指文学、艺术和科学领域内具有独创性并能以某种有形形式复制的智力成果。”

受著作权保护的作品需要具备的基本要件是：①作品应当具有独创性；②作品的表现形式应当属于文学、艺术和科学范畴。“一件作品的完成应当是作者自己的选择、取舍、安排、设计、综合描述的结果”。[4]

---

[1] 吴汉东．知识产权基本问题研究［M］．2 版．北京：中国人民大学出版社，2009：40.

[2] 刘春田．知识产权法［M］．4 版．北京：中国人民大学出版社，2009：8－9.

[3] 《伯尔尼公约》第 2 条第 1 款。

[4] 刘春田．知识产权法［M］．4 版．北京：中国人民大学出版社，2009：52.

以往的经验表明，对著作权保护对象的“思想表达二分法”在司法实践中的应用是有困难的，❶ 在强调保护形式的基础理论的同时，法官们又不得不对存在争议的、“思想”相近的不同作品作实质性同一的审查。卢海君博士在其著作《版权客体论》中提出了“表达的实质”与“表达的形式”的概念。他认为在作品的创作过程中存在“表达的实质”与“表达的形式”之分，同时，作品的内在要件决定了“表达的实质”是区别于“表达的形式”而独立存在的。这一对概念是“思想表达二分法”的进一步延伸。首先，“表达的实质”是一种表达的客观存在形式而不是思想本身，因此不是存于创作者大脑之中，虚无缥缈、不可捉摸的；其次，区分“表达的实质”和“表达的形式”是为了在由“符号化的表达”构成的形式背后存在“实质性的表达”。❷“对现实的外物存在的知觉既是一切知识材料的来源，又是自我意识以及对自我内部状态的意识的基础。”❸感性的表象，只要是与对象直接接触，总名之曰直观。知性不与对象直接接触，知性与对象的关系是间接的。知性的表象不是特殊的、具体的，而是抽象的、一般的，可以应用于同一类的所有的对象，这叫作概念。知性形成概念，利用概念判断思维对象。❹后马克思主义文化研究将文化定义为意义的生产、流通和消费过程。❺也就是将知识的生产及作用等同于马克思经济学理论中的生产，而这种“产品”并不以创新为限制条件，无论是创造还是复制，在交易过程中，知识产品与传统市场交易中的对象没有本质区别，文化的发展在知识的生产与传播过程中发生了改变，对人们

---

❶ TUSHNET R. Copy This Essay: How Fair Use Doctrine Harms Free Speech and How Copying Serves It [J]. Yale L. J., 2004, 114: 535, 544, 549, 550.

❷ 卢海君. 版权客体论 [M]. 北京：知识产权出版社，2011：117－120.

❸ 齐良骥. 康德的知识学 [M]. 北京：商务印书馆，2000：39.

❹ 罗素. 人类的知识：其范围与限度 [M]. 张金言，译. 北京：商务印书馆，1983：50.

❺ 约翰·斯道雷. 文化理论与大众文化导论 [M]. 5版. 常江，译. 北京：北京大学出版社，2010：106.

的生产方式、生活方式、消费方式等等都产生了影响。这些影响都是由流通中的文化所带来的象征性所决定的。“象征性的意义在于，人们通过著作的象征性来传递经验、概念或者是信仰，最终实现相互交流的目的。象征形式是由一个主体所产生、构建或使用的，他在运用这些形式时正在追求某些目标并设法表达其意思或者是思想。而创造传递象征意义的主体与接受者之间是通过一系列的规则、经验、文化的影响达成通路的，由于个体差异，创作者与受众事实上不可能在对客体的理解上达到完全的一致。象征形式总是受到具体的社会历史背景的影响，从它的诞生、输出到接受的每一个阶段，不同的主体可能有不同的解读。”[1]而对知识所能表述体现的意义也只有在实践中才得以实现，在交换关系中实现其价值。“对一部作品，也就是在一种象征形式的传递过程中，其所传达的并在接受过程中所再构建的意义可能服务于支撑和复制产生与接受的背景。这种接受和理解的象征形式的意义，可能以各种方式服务于维持象征形式中产生的或背景所特有的结构性社会关系。”[2]艺术的发现不仅仅是形象的，而且是思想的，两者相互依存又相互转化。艺术家在发现一个具体形象的时候，同时会感受到这个形象的思想力量；同样，当他敏锐地捕捉到某种思想的闪光时，意味着他必须进而完整地展现这个形象。[3]

所谓“知识”，必须与一定的对象相关联。例如一概念，如果最终没有一定的经验直观与它关联着，那么，它本身虽然无疑仍然是一个思想，但是因为没有对象，所以不是知识。[4]因此知

---

[1] 汤普森．意识形态与现代文化［M］．高铦，译．南京：译林出版社，2005：181.

[2] 汤普森．意识形态与现代文化［M］．高铦，译．南京：译林出版社，2005：181.

[3] 殷国明．艺术形式不仅仅是形式［M］．杭州：浙江文艺出版社，1988：2.

[4] 罗素．人类的知识：其范围与限度［M］．张金言，译．北京：商务印书馆，1983：63－64.

识必须被用以表达一个对象，并且传递这个对象的意义。对于知识的获取过程是一个了解知识所指向的对象的过程，因此，“与其说文化是一系列事物——小说、绘画、电视节目、喜剧，不如说它是一个过程、一系列实践。文化最关注的乃是意义的生产和交换，也就是意义的赋予和获取过程。”[1]对作品受保护作品的定义事实上并不仅仅局限于对形式的保护，还要对作品所需要传递的意义进行考虑，这是评论“抄袭”的一个重要因素。这种抄袭直接影响了原著作的权利，而仅仅以“形式”作为权利保护的对象在很多时候是不全面的。

（2）受著作权保护的作品的种类

美国著作权法对著作权保护对象的一般规定是：以任何现在已知的或者以后出现的物质表达方式——通过此种方式可以直接或借助于机械或装置可感知、复制或以其他方式传播作品——固定的独创作品，依本篇受版权保护。作品包括以下几种：①文学作品；②音乐作品，含配词；③戏剧作品，含配曲；哑剧及舞蹈作品；④绘画、图形及雕塑作品；⑤电影及其他音像作品；⑥录音作品；建筑作品。在任何情形下，对作者独创作品的版权保护，不扩大到思想、程序、方法、系统、运算方式、概念、原理或发现，无论作品以何种形式对其加以描述、解释、说明或者体现，即不同类型的作品是版权的客体。

我国著作权法中明确了受保护作品的种类，另在《著作权法实施条例》中对受保护作品的罗列更为详细，包括：（一）文字作品，是指小说、诗词、散文、论文等以文字形式表现的作品；（二）口述作品，是指即兴的演说、授课、法庭辩论等以口头语言形式表现的作品；（三）音乐作品，是指歌曲、交响乐等能够演唱或者演奏的带词或者不带词的作品；（四）戏剧作品，是指

---

[1] Hall Stuart（1997b）：“Introduction”, in Representation, edited by Stuart Hall, London，引自约翰·斯道雷．文化理论与大众文化导论［M］．5版．常江，译．北京：北京大学出版社，2010：106.

话剧、歌剧、地方戏等供舞台演出的作品；（五）曲艺作品，是指相声、快书、大鼓、评书等以说唱为主要形式表演的作品；（六）舞蹈作品，是指通过连续的动作、姿势、表情等表现思想情感的作品；（七）杂技艺术作品，是指杂技、魔术、马戏等通过形体动作和技巧表现的作品；（八）美术作品，是指绘画、书法、雕塑等以线条、色彩或者其他方式构成的有审美意义的平面或者立体的造型艺术作品；（九）建筑作品，是指以建筑物或者构筑物形式表现的有审美意义的作品；（十）摄影作品，是指借助器械在感光材料或者其他介质上记录客观物体形象的艺术作品；（十一）电影作品和以类似摄制电影的方法创作的作品，是指摄制在一定介质上，由一系列有伴音或者无伴音的画面组成，并且借助适当装置放映或者以其他方式传播的作品；（十二）图形作品，是指为施工、生产绘制的工程设计图、产品设计图，以及反映地理现象、说明事物原理或者结构的地图、示意图等作品；（十三）模型作品，是指为展示、试验或者观测等用途，根据物体的形状和结构，按照一定比例制成的立体作品。

3.1.4 权利和义务关系

著作权的法律关系即著作权制度中的权利和义务之间的关系，指的是权利主体在对著作权的对象——即作品——上实施特定的行为（即著作权的客体），从而产生的与特定行为相对应的特定的权利和义务的关系。实现取得权利或实施义务时的行为，著作权制度调整的是以发生、改变权利和义务关系行为为客体的法律制度。作品客观存在的事实并不能改变任何法律关系，或产生利益，只有在对作品进行复制、发行、表演等一系列的行为中才会产生利益。因此，一部《圣诞赞歌》之于著作权的地位如同一台笔记本电脑之于物权中的地位一样，是权利的标的，权利内容所指向的对象，只有占有、使用这台笔记本电脑的行为或状态才能够实现权利人的物权，例如，只有出版、发行一部小说的行为才能够实现狄更斯的精神利益与物质利益。

3.2　合理使用制度的法律关系

3.2.1　合理使用的主体

合理使用制度的主体是指一切使用作品的人，他们是与著作权利人相对的作品使用人，以通过合法途径获得权利作品为适格前提。在著作权权利限制体系中，法律赋予使用人以行使著作权人的权利，著作权人所牺牲的这一部分权利是针对不特定的公众。

3.2.2　合理使用的客体

这里的使用应当是指对作品表达的实质性内容的使用，根据具体的使用目的的不同，合理使用的客体应当分以重复欣赏为目的的私人复制的作品和以再创造为使用目的的作品。

(1) 用于个人使用的私人复制行为。如第3章所论述的内容，有必要明确合理使用制度中的私人复制行为是不同于利用权利作品进行再创造的、一种纯粹的复制行为。私人复制行为所指向的客体是完整的权利作品（如对音乐的复制），这一复制行为的目的在于使用者可以通过改变时间和地点的方式重复使用欣赏作品本身而没有其他的目的。因此，在私人复制行为中的客体与著作权的客体是同一的。

(2) 用于创新的个人使用行为。在某些特定的情形下，法律允许使用者对受保护作品以某种程度的再现，首先是出于评论、教育或是为新闻报道的目的，但是各国近年来的立法趋势表明，对这种意义上的使用不再适用合理使用制度，而是逐渐归于通过法定许可制调整使用人和权利人之间的关系。而法定许可需要一个相对成熟的著作权集体管理机制作为维护作者权益的有力保障。著作权集体管理制度是行使和保护权利的一种集约化的方式，是解决作品得以直接传播的许可问题的重要途径。

3.2.3　合理使用的对象

合理使用的对象与著作权的对象应当是相同的，但是由于合理使用中，使用目的不同，这就导致了在合理使用中的主体——使用人在支配对象的时候将会依据其具体的使用行为不同。首先以个人欣赏为目的，包括对作品完整或不完整的复制、学习等，这是作品对于主体而言，其价值可能是由全部整个作品体现的——如欣赏音乐作品，但也可能是由作品中的一部分的价值体现的，比如用于个人学习的使用。当较适用于课堂教学的时候，从一部巨著中摘录的精华部分足以体现这本书在教学课中的价值，这时书中的内容或是思想都成为使用人手中想要表达自己思想的素材。因此，使用者是在一个小于等于原著作形式范围内来使用作品的。因此，合理使用制度中的对象是包含于著作权对象之中的，分为全部的或部分的呈现，使用者关注的都是象征性的内容。

3.2.4 权利和义务关系

合理使用的主体是著作权权利人的相对人，是著作权的义务主体。合理使用的法律关系就是指在著作权制度的框架内，非著作权权利人，通过合法的方式获取作品，通过对作品的使用，作品中所要传递的知识性内容被使用人合法地复制、使用等利用作品的行为，从而产生的权利和义务的关系。在这一体系中，作品的使用人是“权利”主体，作品的权利人则是相对人。在民事法律关系中，多数情况下，当事人双方既享受权利，又承担义务。在著作权制度中，作品权利人是享有著作精神权利和财产权利的主体，在作品的交易中，使用人向权利人支付使用作品的对价，权利人付有使买受人得以使用其作品的义务。这是类同于物权转移意义上的权利与义务的关系。跳出制度设定后的权利和义务关系，著者认为，作为一项拟制的权利，著作权利人得以享受对知识的垄断，将知识纳为财产的保护范围，需要对这一部分的权利加以限制，为防止权利滥用，在著作权制度中设定了对权利的限制与例外，这本身也是附加于权利人身上的义务，同时也是授予使用人的一项权利。因此，在这里要讨论的合理使用中的法律关系，是以权利作品使用人的角度讨论合理使用制度中的法律关系的主体、客体及内容。

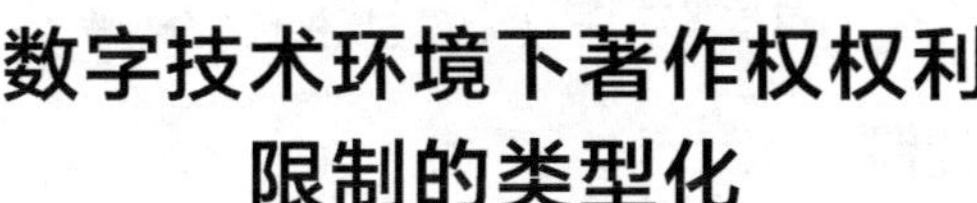

第 4 章

数字技术环境下著作权权利限制的类型化

“在过去 30 年中，互联网技术的发展直观地展现了一种蜂鸟效应，信息的共享呈现出数量级的增长，将原有的利益分配体系推向了混沌的状态，轻易地漫过了知识和社会的界限”，这使得制度的变革迫在眉睫。

在著作权体系的框架内，虽然各国法律大多将一部分“私人复制”行为归于合理使用的范围内，但是客观上由于复制技术的发展，单纯地禁止任何形式的“私人复制”或者是允许一部分“私人复制”的形式的存在都无法满足对权利人的保护，也不能够实现对公众利益的保障，因此，实践中有必要将私人复制中的具体行为及使用目的进行划分。首先，应当以复制行为最终是否形成新的作品为出发点，区别对待以个人学习、欣赏为目的的复制行为和以创新为使用目的的复制行为；其次，在明确划分私人复制行为的目的同时，又需要分别以创新所带来的成果对原权利人的影响为基点，作出法定许可与合理使用的区别对待。

另外需要强调的前提是，消费者是通过合法的途径获取受保护的作品，一方面，消费者可能对特别的作品支付了相应的对价，另一方面，消费者通过免费的方式获得，而权利人也确实授予了传播者以免费传播的特权，否则获取受保护作品的行为都是非法的，它侵害了权利人的利益。

- 个人使用
  - 欣赏、学习、研究
  - 私人复制
    - 欣赏为目的
      - 自己欣赏　合理使用
      - 传播（分享欣赏）侵权
    - 创新为目的
      - 应当与原权利人分享收益——法定许可
      - 无需与原权利人分享收益——合理使用

4.1　私人复制

在现代著作权法中，还没有一个确定而令人满意的对私人复制的定义。用朱莉·科恩教授的话讲：私人复制长期以来一直是“版权制度的肮脏的小秘密”[1]，她的这一论述指出了，长期以来，现实生活中的使用行为和已有版权判例在数量上的巨大差别。近年来，随着私人复制技术的迅速扩散，这一问题成为一个最难以解决的困惑。

4.1.1　私人复制的划分

在大部分讨论私人复制的理论中，对于私人复制之目的有着不同的解释。个人使用是指为个人目的对权利作品的各种方式使用，复制仅仅是其中的一种方式。对私人复制的定义前提是合理使用中法律所允许的私人复制的情形，这种复制行为本身就不受权利人所控制。

应当区别合理使用制度下的私人复制与法定许可制度下的私人复制，这种区分是以是否因复制行为而向权利人支付相应报酬的划分。这里“复制”的概念是指使用者行使了权利人的复制权，而该复制是法律所允许的免费的复制，还是需要向权利人支付相应的报酬，需要根据不同的具体情况进行分类。

4.1.2　私人复制的定义

4.1.2.1　传统著作权框架中私人复制的定义

在著作权权利限制体系当中，对私人复制行为的后果有合理

[1] COHEN J E. The Place of the User in Copyright Law [J]. Fordham L. Rev., 2005, 74: 352.

使用制度中的免费复制和需要支付补偿金的法定许可的私人复制行为之分。

私人复制是一种个人对受保护作品的使用方式之一，著者认为，这一概念应当具有广义与狭义之分。首先在著作权的体系中，对复制权的规定便有广义与狭义之分。“狭义的复制权是严格意义上的复制权，一般仅指以同样形式制作成品的权利，如复制文字作品生成书籍、杂志、报纸等方式，还包括在不同于原作载体的载体上复制或者使用不同技术的复制。”[1]郑成思教授认为从最广的含义上讲，可以把复制权理解为包括出版权在内的一切“再现”原作“基本构成”的权利，通过翻译、改编、广播、录制等改变原作的载体或表现方式。[2]我国现行《著作权法》第 10 条第 5 款规定：复制权，即以印刷、复印、拓印、录音、录像、翻录、翻拍等方式将作品制作一份或者多份的权利。这是一种狭义的复制权的解释。那么在讨论私人复制的问题时，就有必要将这一复制行为的边界确定下来，使其与著作权制度中的复制权概念保持一致，另外，通过“个人使用”的这一用语来代替广义的私人复制，这一概念指的是对受保护作品的非纯粹复制行为的其他形式的使用行为。

《伯尔尼公约》及一些著作权著述中将合理使用制度中的私人复制定义为非权利人的复制行为。该行为通常具备以下几个条件：复制行为的主体为非权利人，即使用者，复制行为的目的是个人使用，复制数量为少数，复制的性质为非营利的，该复制行为不得对作品权利人的利益造成损害。张今教授将私人复制行为归纳为：为个人使用而少量地重复再现受版权保护的作品。[3]埃及知识产权保护法著作权部分的第 171 条之二中将以自己使用为目的而复制作品的数量限定为一份，且该复制未与作品的正常使

---

[1] 刘春田．知识产权法［M］．4 版．北京：中国人民大学出版社，2009：75.

[2] 郑成思．著作权法（上）［M］．北京：中国人民大学出版社，2009：181.

[3] 张今．著作权法中私人复制问题研究：从印刷机到互联网［M］．北京：中国政法大学出版社，2009.

用相冲突，也未不合理地损害作者或者著作权人的合法权益。这是对私人复制行为较为明确的一种复制数量上的限定。

4.1.2.2 数字环境下合理使用制度中的私人复制

从传统定义中，我们可以得出私人复制的要件为以下几点：以个人使用为目的、客观上产生与原件相同的复制件、对该复制件的使用不得对权利人造成实质性的损害。然而需要指出的是，上述要素中很重要的一点——产生新的复制件——是建立在传统著作权法意义上的，以客观存在的物为前提的。比如在图书馆对某本书的某几页进行复制的行为，是需要以“纸”为复制件的载体。然而在数字技术条件下，人们已经不再需要通过“复制”一个原件来实现私人复制行为，在互联网环境中，再现作品不需要复制件，这就为传统的私人复制的定义带来了挑战。因此，在数字技术条件下，权利人更关注其作品的“使用”次数，而不是被“复制”的次数，因此有必要重新定义私人复制行为的含义。

在数字技术环境下，可归于合理使用制度范围内的私人复制应指基于个人使用之目的，在不为权利人带来实质性损害的前提下，通过不同手段实现再现作品的方式。基于个人使用之目的之要素在此不必赘述，这里需要强调如何理解“不为权利人带来实质性损害”的定义，著者认为，这里应当指使用人首次获得受保护作品时应当通过合法的途径获取，以在互联网上获取学术文章为例，使用者可以从公共资源中获取免费的文章，也可以通过付费的方式获取文章，这主要取决于权利人将受保护作品以何种方式提供给公众。

4.1.3 严格限定合理使用中私人复制行为的意义

由于传统的合理使用制度下，行为本身难以类型化，而只能在个案中考察，且考察的标尺也并非一成不变，所以，能够以合理使用为免则理由的私人复制和以创新为使用目的的行为应当作严格区分。传统私人复制的侵权标准是以对原作品复制数量为标准来判断的，个人对每件原作品的复制都是完整的、没有经过修改的作品，对原作品复制件的使用方式没有改变，如人们经常在家中将 CD 中的歌曲转换成 MP3 形式，以便上传至个人网络空间实现异地欣赏而不必带着 CD 出门，只要到一个有网络的地方，通过相应的设备播放想要听的音乐，这种复制就是严格意义上的复制，没有改变通过听觉实现欣赏作品的方式。又比如我们经常看到社交网络中的使用者将儿时的照片，通过数码相机重新拍摄并放到网络上与人分享，对同一幅摄影作品的欣赏方式也没有改变；而创新则涉及不仅是对单个作品的复制数量的问题，这种行为最终导致新的作品的诞生，即私人复制与创新型使用应当以是否产生新的作品为标准，这类复制行为的最终结果已经破坏了原作品的完整性，这里突出创新的概念，即人们不仅是依照原作品作者所设计的那种形式来欣赏，而是通过使用者的意思改变作品原有的形式，这个时候原作品成为使用者创新的素材，使用者关注的是原作品中可以利用的因素与自己想要创作的东西之间的关系，更加专注的是原作品如何“为我所用”。这种复制的结果是客观上对原权利人已经造成了一定影响，不论这种影响是积极的还是消极。

4.1.4　补偿金制度

重要的著作权相关国际公约包括《保护文学艺术作品伯尔尼公约》《世界知识产权组织版权条约》《世界知识产权组织表演和录音制品条约》，以及一些重要国家的国内著作权法包括 1976 年美国著作权法、1981 年意大利著作权法、1999 年 10 月 C－32 法令生效前的加拿大著作权法、现行的澳大利亚著作权法等，尽管可以在“私人使用”领域演绎保护“复制权”或者通过“合理使用原则”保护用户“复制权利”的不同结论，但是都没有明确规定“私人使用”的合法性问题，更没有对复制装置和媒体的生产商和销售商强制征收“私人复制税”的制度设计。

著作权的补偿金制度是以私人复制为前提的。这种补偿金制度事实上已经不是合理使用的情形，张今教授认为，补偿金的性质是对合理使用的矫正，但不等于法定许可制度，主要是因为补偿金的性质是因合理使用行为而产生的补偿，不能等同于权利对价，[1]另外，权利人最担心的是，如果认为支付补偿金即被视为取得授权，将缩小权利人的权利范围，使著作权利人丧失授权协议中的平等谈判地位。

从20世纪50年代开始，德国音乐作品表演权与机械复制权集体管理协会陆续对录音设备制造商和销售商提出侵权警告和诉讼。在20世纪70年代问世的录像机、复印机、音频录音机，使得以百万计的美国消费者有权利重现受保护的作品，开启了私人廉价使用的时代。近十几年快速扩散的新型设备，以更为迅速和广泛的态势被大众所接受，而且这些设备都被视为“合法”，通过私人复制获得受保护作品的数量远远大于通过授权而合法获得的作品数量，而且这种未经授权的使用数量是惊人的。[2]然而，补偿金制度正是一种针对技术发展的解决方案。

补偿金制度事实上将一部分以个人欣赏为目的的私人复制行为从“合理使用”制度中分离出来，因此在制度和理论上都应当将这种行为独立出来，[3] 而对权利人的补偿主要通过“私人复制税”的形式来实现[4]，从严格意义上说，对于这部分复制行为，法律应将其归为一种“法定许可”中。

4.1.5 针对音乐作品的私人复制

传统的音乐产业的模式已经无法契合互联网环境下人们消费音乐的方式，音乐产业已经开始利用科技来寻求新的、能够解决

---

[1] 张今．著作权法中私人复制问题研究：从印刷机到互联网［M］．北京：中国政法大学出版社，2009：251.

[2] LOHMANN F V. Fair use as innovation policy［J］. Berkeley Technology Law Journal，2008：829.

[3] 冯晓青，魏衍亮．两种复制权的现代冲突、制度选择及其法哲学基础［M］//北大知识产权评论（第2卷）．北京：法律出版社，2004.

[4] 如1992年美国实行的家庭录音法中所产生的对“家庭复制”行为的补偿金制度。

这一难题的商业模式，让消费者能够更容易地接触到音乐。同时，对内容的保护与以往一样需要受到重视，以确保音乐人享有的收益。影响在线购买音乐最重要的因素来自便携式播放器的普及以及宽带的支持，数字音乐播放器已经取代了流行于20世纪的磁带、光盘、随身听。2006年，便携式音乐播放器的销量约为1.2亿部，到了2011年，除了单一功能的便携式播放器外，更多的人通过使用iPhone手机和配有Android系统的手机设备下载音乐。

在过去的30年里，音乐视频通过单向媒体（如电视、公共广播电台）向公众进行转播，而在这个单一平台上，音乐视频还不得不与新闻节目、娱乐节目等多种形式的电视节目共分市场蛋糕。然而，在短短几年的时间里，音乐视频可以独立地通过一个互动交流平台——互联网——进行传播，这一转变是巨大的，然而非法音乐文件共享的增长却成为过去十年中合法音乐销量不断下降的主要原因。法律的意义在于保障权利人对作品的复制品仍然享有著作权。但是，成千上万的数字音乐播放器的使用者却在与这一制度做对，除非能够找出防止复制的技术性措施，否则，在法律上只能通过合理使用的制度来赦免这一行为。随着各国法律对保护数字作品著作权所采取的积极政策，数字音乐的销售占音乐总销售额从2005年的5%，提升到了2008年的20%，到了2010年，约29%的行业收入来自数字音乐，达到了49亿美元。音乐下载仍然是数字音乐收入的主要来源。❶

互联网技术的发展将使得欣赏音乐不再以“拥有”音乐为前提了。这个客观现象实际上使得著作权的“首次销售原则”不再适用于在线欣赏音乐的方式。虽然，International Federation of the Phonographil Industry（IFPI）的数字音乐报告中显示，音乐下载仍然是数字音乐收入的主要来源，但是新的网络技术将同样为人们的选择带来进一步的影响，即云技术可能带来的法律上的

---

❶ IFPI. 数字音乐报告（2006－2010）。

影响。

相对于传统获取音乐的方式，通过互联网获取音乐有以下几个特点：第一，用户可以通过搜索引擎等工具直接找到想要的音乐，而传统方式受到时间与空间的限制，用户想要获取一张音乐光盘需要在营业时间造访光盘销售商店，而且，很多时候用户会失望而回，因为实体店受面积、货源、版权进口等因素的影响，用户很难找到在收音机中听到的国外最流行的音乐光盘；第二，用户可以有多样化的选择，比如在获取音乐的方式上，可以选择免费下载，也可以选择付费下载，另外，用户还可以选择将喜爱的歌曲放到网络空间上的播放名单中，而无需将音乐下载到自己的硬盘上，在有互联网硬件设备支持的情况下，可以随时随地地欣赏喜爱的音乐；第三，可以选择不同演唱者的不同单曲，而无需购买整张光盘；第四，在决定购买之前，用户可以试听歌曲的片段。

互联网音乐提供商通常采取付费或者免费的方式向公众提供音乐下载服务。2009 年，在 YouTube 网站上，每个月全球的访问用户高达 4.5 亿（由于互联网接入的一些限制，中国用户的数量可能被排除在该数据之外），值得我们深思的是，整个知识产权制度已经不是依靠垄断地位来获取利益的年代了，当小说作家将系列作品中的一部小说免费提供给公众的时候，她发现她的版税收入反而在增长，因为更多的人通过免费方式获取的资源激发了他们的兴趣，他们愿意看到这位作家更多的作品，并且愿意为此支付对价。唱片公司也发现；在互联网上提供免费的音乐会提升它们的唱片销量；越来越多的独立创作者找到了他们的听众并因此获利。[1]

一个更为严格的著作权的保护环境迫使权利人在互联网经济环境下更多地选择了主动放弃以往视为珍宝的权利，以换取更为

---

[1] 威廉·W. 费舍尔. 说话算数：技术、法律以及娱乐的未来［M］. 李旭译. 上海：上海三联出版社，2008.

广泛意义上的商业利益与经济回报，这本身是合理使用制度所无法实现的，然而如果对合理使用制度采用宽容的态度却可能为权利人带来较大的损失，对使用人而言，很难通过与权利人合作开发新的服务和商业模式来分享利益。

音乐作为私人复制的讨论对象时，具有非常特殊的意义。音乐与电影不同，人们将电视中的节目录制下来，通过改变时间或空间的方式欣赏抑或是多次欣赏，大多也不会超过个位数，即使人们将购买的电影 DVD 拷贝到计算机或其他介质中，邀请朋友共同欣赏，这一复制行为的次数也是极其有限的。然而人们绝不会对喜爱的音乐“善罢甘休”，他们会在家里欣赏、在开车的时候欣赏、工作的时候欣赏，甚至会在手机里将它们设置为来电铃声。同一首曲子，人们可能听上好几十遍。音乐这一作品形式具有被不断消费的生命力和诱惑力，它是一种最容易使用和表达的艺术形式。在娱乐业大力主张延长版权的保护期限的时候，当合理使用的适用情形越来越受到限制的时候，社会大众回馈给唱片产业的却是越来越萧条的景象。这种对音乐作品保护的尴尬局面曾经为创作者带来无比失望的心情。诸如国内流行音乐人大多放弃以传统的方式为歌手写作，而更加热衷于加入能够保证相对高额回报的影视作品中的音乐创作中去。经过几年的低迷时期，与传统唱片产业盈利方式不同的是，更多的独立音乐人诞生了，许多音乐作者通过独立制作的方式，将作品放到互联网上供公众下载，或收费或免费，作者不需要再依靠唱片公司将它们的音乐制作成歌曲，投入广告，通过传统媒介进行传播。唱片公司今天的哀号很像工业革命初期的那些失业的手工业者一样，在技术支持下，录音设备越来越普及且成本低廉，对录音环境要求高的演唱者可能选择专业的录音工作室完成作品，而如今更为流行的方式则是依靠一台电脑、一个软件外加一个将声音输入电脑的麦克风就可以完成一首歌曲的演绎。作品生成后，很多作者将它们免费放到互联网上供人欣赏，其中好的作品将会得到回报。只不过这种回报不再受限于传统的体制。

4.2 用于创新的复制行为

知识产权的概念——关于某种思想可以为人所有的观念——是欧洲启蒙运动之子。只有当人们开始相信知识来源于运用感觉的人类头脑——而不是借助阅读古老的篇章，从神启那里获得知识时，才能把人当作新思想的创造者，并因而成为其所有人，而不只是作为永恒真理的传播者。❶

4.2.1 以创新为目的的复制行为

4.2.1.1 创新使用的范围

为了与私人复制相区别，本节通过复制行为的目的来区分合理使用中的私人复制与以创新为目的的复制行为，将这种个人使用的行为直接与创新相关联，即个人使用的行为是以创新为目的的一种合理使用的表现形式。无论是直接引用还是演绎、全部引用或部分截取，被使用的部分都将成为一个新的著作中的一部分，被用以在新的表达中体现引用者的思想。

4.2.1.2 限定创新使用范围的意义

数字技术为市场失灵提供了解决方案，使得合理使用的适用范围越来越小，除了需要重新构建著作权权利限制体系，对合理使用的情形加以更为严格的规定以外，基于公共利益、鼓励创新的理由，对个人使用行为性质和限度的制度设计将会影响合理使用制度的存续空间。

如何对以创新为目的的个人使用行为在新技术环境下进行定位，是考虑合理使用存续的重要因素。以创新政策为立脚点的合理使用制度存续作为出发点，会产生两个疑问：第一，为什么合理使用的司法解决应当建立在私人有序的市场解决方案的基础之

---

❶ 卡拉·赫茜（Carla A. Hesse）. 知识产权的兴起：一个前途未卜的观念[J]. 金海军，钟小红，译. 科技与法律，2007，1. 原文“The Rise of Intellectual Property, 700 B. C. – A. D. 2000: An Idea in the Balance”载Daedalus杂志2002年春季卷第26–45页。

上？如果创新是新技术版权产业的一个福音，那些同行应该愿意主动授权其作品以一定的、免费使用的方式吸引技术投资。然而，在市场不完善的时期，这不太可能创新。第二，如果创新不是对版权的补充，反而导致了破坏创造者的积极性发生呢？著作权法应当做出回应，区别对待创作前与创作后的情况，重新调解利益平衡的砝码。在任何特定的创新的影响很难在事前预测的基础上，也许一种事后的做法可以创造一个较好的环境。换句话说，与其提供一个以合理使用为前提的创新环境，不如使用一个法定许可的模式，让使用者可以不必为授权担心，同时让权利人也可分享使用者创新成果的收益。

一般而言，著作权法创造财产利益，鼓励一系列市场中的创造者、传播者，以及公众参与交易，这将带来再创新和再分配，使更为广泛的公众获取知识，用以创作更多的作品。然而，在某些情况下，不完善的市场条件阻碍了交易的效率，或者是由于人们不保护市场的非货币价值。一些评论家建议在过分干预私人复制的情况下，著作权法的执法可能危及重要的隐私利益。有的则表明，这种执法活动会侵犯个人财产的概念。无论是对消费者还是对著作权权利人而言，交易的发生永远离不开对成本的精打细算，那么第三方的介入机制就成为必要。

首先确定两种不同的创新。一方面，需要满足公众对知识获取的需求，为提升民众的素质而为教育做出贡献的创新，具体到制度而言，法律应当针对学术研究成果、批评和评论的使用留有合理使用的空间；另一方面，从创新的成果来看，后者的成功与原权利人是分不开的，法律应当将后者所得到的回报分享给原作者，在这种情况下，纯粹的合理使用或者是判断为未经授权而使用的侵权都是不恰当的。

4.2.2　合理使用与创新的关系

4.2.2.1　文学作品的创新

16 世纪，图书、报纸、杂志流通的日益增多影响了文学家对社会的看法，他们以作家的身份反映了那个时代读者的精神，他们离开书房，在印刷所里创作，印刷所在思想交流上的启发作用就好比美国的邮局在美国信息交流大爆炸时期所起到的作用❶，因此那些最先掌控印刷所、能够左右时代文化焦点的印刷商们，又以作者的名义出版书籍。这也许可以解释为什么最初“著作权法真正目的在于保障复制者（出版商）有钱可赚”。❷ 著作权法是为了给予商人尽心复制属于某人——名义上的创作人或艺术家——之作品的法律许可，通常实施是为了销售，著作权法从来都不是、可能永远都不会是创作者的法律保障，至少不可能是他们的托付对象。❸

纵观各国有关合理使用制度的规定，合理使用大多发生在一个新的作品产生的时候，对原作品的使用是否符合合理使用的条件。在文学作品的创作引用过程中，对被引用作品内容的多少是判定是否使用合理的重要因素。在 *Religious Technology Center v. Netcom On Line Communication services* 案中，法院指出尽管法律支持批评性使用，但是如果“批评”只不过是由对原告作品的大部分——有时甚至是对作品的全部——的复制所构成的，最多加了很少的批评意见，那么合理使用的抗辩就明显不当。❹当我们思考创造力和想象力的时候，重要的是以个人作为出发点。❺没有人生活在真空中，即使在梦中也无法逃脱；我们的想象力是受到与他人交往的影响的，包括与他人的直接接触，或者是通过文

---

❶ 参见阿尔弗雷德·D. 钱德勒，詹姆斯·W. 科塔达. 信息改变了美国：驱动国家转型的力量［M］. 万岩，邱艳娟. 上海：上海远东出版社，2008.

❷❸ 约翰·冈茨，杰克·罗切斯特. 数字时代，盗版无罪？［M］. 周晓琪，译. 北京：法律出版社，2008：22.

❹ No. C－95020091 RMW, N. D. Cal. Field Sept. 22, 1995

❺ John Howkins (2005) The Mayor's Commission on Creative Industries. In J Hartley (ed.) *Creative Industries*. Oxford: Blackwell, 117－25; Howins (2001) The Creative Economy. London: Penguin. 引自约翰·哈特利. 创意产业读本［M］. 曹书乐，包建女，李慧，译. 北京：清华大学出版社，2007.

学、艺术、电影、电脑游戏等事物的影响。[1]

进入21世纪，欧美很多国家都出现了争取盗版正当利益的组织，又称“盗版党”，这些组织将版权制度视为将商业利益向文化促进转变的绊脚石。纵观19世纪，美国并不光彩的法律许可的盗版制度一直是英国作家们的心头之痛，虽然普遍观点认为美国的这一政策使美国普通民众受益，使他们在低成本的文化环境中受到了很好的教育。然而，文化历史学家可能并不因此而感激这项制度，尽管距离五月花号登上美国大陆以来，已经过去200多年的时间，美国本土的作家们还在为脱离英国文学影响而摇旗呐喊。如果认为专利制度为美国带来了工业化的飞跃，那么消极的版权制度可能抑制了美国文学艺术的发展。

4.2.2.2　电影作品的创新

在《伯尔尼公约》中，电影成为受著作权保护的对象，然而在各个签约国中，对这一类型作品的保护形式依然存在很大的不同。

活动影像的诞生是一系列有关光学和摄影领域发明的结果，最初它是由连续的照片组成剧情呈现出来的。1891年，爱迪生为“活动电影摄影机”申请了摄影机专利，为“电影观镜”申请了观看设备专利。爱迪生没有亲自参与推广这一技术，他将权利授予他人，随后的几年里，在美国及欧洲的几个国家里，陆续出现了电影公映放映工作室。基于观影效果的原因，这种工作室内仅可容纳一位观众。

电影最初并不是以一种新的艺术形式而被接受的，仅是作为一种娱乐项目或者是科学进步成果的新鲜事物而受公众的关注，但是这种表达形式引发了著作权保护上的问题：首先是关于保护电影避免受到竞争者和无执照的电影院所有者的侵害；其次是关

[1] 约翰·哈特利．创意产业读本［M］．曹书乐，包建女，李慧，译．北京：清华大学出版社，2007：9.

于电影是否侵害已有其他形式作品权利的问题。[1]

数字技术的加入对传统电影的拍摄方式和制作方式产生的影响巨大，利用新方法制作的电影在不断出现，带给观众无限的冲击与想象，同时也向传统的法律制度发出了挑战。在电影产业的每一个环节，都伴随着数字技术的重大变化。首先一部电影的拍摄不再是几台摄影机的工作，好莱坞的摄影棚中，如今演员们大多在空无一物的蓝幕空间中进行表演，电影画面最终通过各种拼接技术而完成。人们即使到电影院去欣赏电影，也有多种观影方式可以选择（包括传统2D屏幕、IMAX巨幕电影、戴上眼镜欣赏3D电影，或者坐上可以随着画面摇摆的座椅以身临其境的方式欣赏4D电影）。电影的传播速度也因为数字化压缩技术得以在互联网上迅速传播，人们可以选择去电影院为票房作贡献，可以选择购买光碟在家中观看。如今最流行的方式是直接访问视频网站，人们可以在家里、地铁里、公交车、机场大厅等任何一个有互联网设备硬件支持的地方看电影，人们的生活方式已经改变。除了电影产业的改变以外，新的视听作品的出现与流行同样影响着现行法律适用的问题。

在《免费文化》一书中，作者用一个小故事告诉我们合理使用制度的现状。一位纪录片制作人知道了一部关于歌剧演员的纪录片，在记录演员们在后台休息的画面中，背景里的电视里正在播放动画片《辛普森一家》，而这一巧合使导演认为能够以一个令人玩味的方式呈现歌剧演员在后台时的状态。由于纪录片的低成本投入，最终相隔很多年才制作完成得以面世。这位纪录片的制片人坚信画面中仅仅长度为4.5秒钟的画面是受到著作权保护的，并为获得授权而努力。她联系了该动画片的制作人、电影公司以及电影公司的母公司福克斯（Fox），希望能够获得授权，然而权利人开出的天价，使得制片人最终不得不放弃使用这4.5

---

[1] 卡米纳．欧盟电影版权［M］．籍之伟，俞剑红，林晓霞，译．北京：中国电影出版社，2006：7－8.

秒的动画画面。虽然在律师眼中，这一使用行为完全可以归于合理使用的范畴，但是大部分制片人不愿意贸然行事，虽然合理使用意味着不需要获得许可甚至不需要被强制性地缴费。在法律实践中，这一设定的界限依然模糊不清，难以判断，然而越界的后果可能十分严重。因此，对于很多创作者而言，真正有效的合理使用的情况很少。虽然法律明确了这一制度的目的，但没能明确适用这一目的的额定的规范，因此，实践中很难实现合理使用制度设计之初的目标。这种严苛的权利保护的信仰，使这一制度在某种程度上走向了极端。最终，这部纪录片不得不在某种意义上被“修饰”而违背了纪录片所应呈现的追求纪录生活中事实的精神。[1]

使用数字化技术完成的多媒体作品与电影作品给人们呈现出来的方式非常接近，表现为一种视听作品，如何对待这一类作品，是否给这类作品以电影作品的保护地位，值得深入研究。

在最近 10 年的暑假档期，有这样一部电影，名叫《美国派》，其最具特色的一点就是它是一个戏仿系列喜剧电影，它每年最令人期待的因素之一是观众们关心的是导演打算让剧中的人物通过什么样的方式来“恶搞”当年的一系列热门电影中的所谓经典情节。法律允许这种戏仿行为，不单单是因为这些情节汇聚到一起的时候形成了新的作品，而且新的作品所复制的是原著作中的“因素”不是简单复制。下一论题将主要讨论滑稽模仿在合理使用中的地位问题。自媒体时代下的“创新”，以“跳舞宝贝案”为例。

2007 年 2 月，斯蒂芬妮·伦兹（Stephanie Lenz）在 YouTube 网站发布了一段长度为 29 秒的视频。视频中，她 13 个月大的儿子在 Prince 的歌曲《Let’s Go Crazy》下跳舞。尽管这段视频中能

---

[1] 劳伦斯·莱斯格．免费文化［M］．王师，译．北京：中信出版社，2009：73 －76.

够听到约20秒钟的歌曲音频质量很差，但是依然引来了被删除的请求。2007年6月，《Let's Go Crazy》的版权持有者环球公司（Universal）按照DMCA的要求，向YouTube网发送了一份接受通知，声称这段视频侵犯了版权。YouTube网删除了这段视频，并将删除和侵权指控通知了Lenz。2007年6月底，Lenz向YouTube网发送了一份反通知，声称其在视频中对这段音乐的使用是合理使用的行为，并再次将这一段视频上传并转发。六周后，YouTube网转发了这段视频。2007年7月，Lenz起诉环球公司（Universal）在DMCA中的虚假陈述，并要求法院宣布她对这首受版权保护的歌曲的使用不受侵犯。

这一案件在持续数年后，美国联邦第九巡回上诉法院于2015年9月给出了最终判决。法院要求权利人在发出侵权通知之前，应当先考虑对涉侵权作品的使用是否构成合理使用，即对资料使用的前提是“权利人授权”还是基于“法律的规定”，否则权利人将因虚假陈述而承担法律责任。该判决的积极性意义在于对权利人滥用“通知－删除”权利起到抑制的作用。在用于保护“网络服务提供者”的避风港原则中，如果没有优先考虑合理使用的情况下就使用“通知－删除”权利的话，将导致该制度的保护对象向权利人倾斜而不是网络服务提供者。

4.2.3　合理使用与滑稽模仿

4.2.3.1　滑稽模仿的含义

首先，滑稽模仿或者说是戏仿并不是一个法律意义上的概念。在国外有关滑稽模仿的判例中，通常使用“Parody”一词来讨论合理使用制度中有关滑稽模仿的问题。“Parody”在《不列颠百科全书》中有两层意思的解释，其一是指模仿诗文；其二是指模仿作品且限于创造性改写的音乐作品。[1]戏剧中的戏仿与反讽是从诗学中模仿诗文演变而来的，同样，这种表现形式与戏剧

---

[1] 不列颠百科全书。

源于诗歌的理论是相契合的。“几个世纪以前，模仿是文学评论体系中非常重要的组成部分。”❶

在现代文化中，滑稽模仿通过模仿与改造实现了文本内部之间的重构，有特别用意的目的，体现了一种互文性的关系。❷ 在戏仿作品中，原作品的文本、结构或者情节是观者与戏仿作品交流的代码（code），巴西著作权法第 47 条对戏仿有特别规定，即“拼凑模仿”（pastiches）和讽刺模仿并非对原作的实际复制，也未以任何方式对其造成损害，则应允许自由进行。

戏仿是一种古老的艺术表现形式，其根源可以追溯到古希腊时期，也是现代艺术家惯用的表达方式之一。无论是文学家还是法学家都不可否认的是，通过戏仿的方式评价一部作品的不可替代性。作为一种讽刺作品的形式，戏仿式的表达可以轻而易举地阐释文化中的诟病，在政治、文化、社会关系等诸多方面，戏仿作品往往能够成为那面能够反映真实社会缩影的明镜。作者通过创造将原作品变成他们的嘲笑对象以吸引公众的注意力。美国联邦最高法院将戏仿定为利用原作品本身的特质进行嘲讽，因为戏仿是基于前人的作品而成，一定程度上对前作品的复制和挪用是必要的。❸ 只有当观众对前作品有所认识的时候，戏仿作品的特质才能被体现出来，否则公众只能是对单一作品的认知，而不会产生前后不同的、基于同一作品的共鸣。

如果戏仿作品的作者在没有得到前作者允许的条件下使用了前作品的素材，那么这可能就是一种侵权行为的表现。著作权赋

---

❶ Parody and the Law of Copyright [J/OL]. Fordhan Law Review, 1961, 29 (3) http://ir. lawnet. fordham. edu/flr/vol29/iss3/7/.

❷ “互文性”（Intertextuality）是由 Kristeva 于 1969 年在《符号学》中提出，意指话语或文本与其他话语或文本之间的关系。参见：郭立颖．从“互文性”谈滑稽模仿在 20 世纪西方文坛的发展 [J]．解放军外国语学院学报，2003，26 (5).

❸ 约翰森·罗森诺．网络法 [M]．张皋彤，等译．北京：中国政法大学出版社，2003.

予作者基于作品特别的垄断性的权利，而合理使用又将这种未经授权使用的情形排除在侵权判定之外。如果是为了创造新的作品而使用前作品，且新作品的实质性元素和原作品不同，则这种行为也许可以被定义为合理使用，在这种情况下的戏仿是可以被定义为合理使用的。

以对音乐的戏仿为例，音乐的历史意象作为一种符号在作品中起到暗示、隐喻的作用，将听众的注意力吸引到曾经接触过的材料上，最后以特殊的处理方式异化了原来的含义，从而造成了一种陌生化的表达。一方面刺激了听者的审美激情，另一方面在巨大的反差中表现作曲家所表达的独特意味，讽刺、反语或者强化，由符号的象征而阐发作曲家从传统的偏离或者反叛中体现出对艺术的探索及执着。❶ 戏仿的目的或戏仿者改变作品的初衷可能决定了戏仿作品是否属于合理使用，比如，以一种原作者特有的表达风格创造新的作品，用以讽刺或调侃作者的风格，这种情况下实际上并不涉及对任何一部作品的实质性侵权。

4.2.3.2　与滑稽模仿相关的案例

（1）以商业利益为由判定滑稽模仿侵权的案件

以模仿为使用行为的，最早的涉嫌侵权的案件是 1903 年的 *Bloom & Hamlin v. Nixon* 案，法庭判决提到一部戏仿作品对被模仿的原作品不构成侵权，原因在于原作已经被重新创作，关键在于这种模仿是否处于一个“诚信”的初衷，❷如果不是出于这个初衷，那么演唱者将被禁止以这种“迂回”的方式对保护的作品进行使用。

早期有关滑稽戏的案件还有 *Hill v. Whalen & Martell, Inc* 案❸。卡通作品 *Mutt and Jeff* 的作者创作了备受欢迎的卡通作品，

❶ 马淑伟．现代音乐中的滑稽模仿［J］．贵州大学学报：艺术版，2005，4（19）．

❷ 125 F. 977（C. C. E. D. Pa. 1903）．

❸ 220 Fed. 359（S. D. N. Y. 1914）．

且在大约3年的时间里获得权利收入6万~7万美元，被告在其作品 *In Cartoonland* 中创作了名为“Nutt”和“Giff”的卡通形象，且形象特质与原告作品中的形象相仿，最终判决中称，虽然“受权利保护的作品可以作为合理的批评、评论和幽默的对象”，但是在该案中，被告的使用行为对原告构成不利的市场影响，因此不是合理使用。

(2) 适用“批评与评论”目的的合理使用

以批评和评论为使用目的，将滑稽模仿归为合理使用的情形是以宪法“言论自由”为核心的，最典型和有影响力的案件是 *Campbell v. Auff - Rose Music, Inc* 案。

关于戏仿作品在著作权对象中如何定位的法律适用是很复杂且不确定的，对于如何定义哪一种戏仿的形式或者是戏仿作品能够适用合理使用，也没有标准的确切表述。在 *Campbell v. Auff - Rose Music, Inc.* 案中，我们可以看到对美国著作权法与美国宪法第一修正案中关于对著作权的垄断与言论自由权利之间的关系问题的讨论。

1989年摇滚乐队“2 Live Crew”对1969年洛伊奥比森的著名歌曲《Oh, Pretty Women》以摇滚的方式进行了滑稽模仿，作为一首经典的白人歌曲，该摇滚乐队的改编旨在用于讽刺以白人为核心的摇滚趋势，而他们认为这种趋势是腐朽平庸的。在这个案件中，有许多相关行业的利益方表达了不同的看法，例如该音乐作品的权利人认为任何未经授权的用于商业使用性的改编行为都是不能被接受的，然而许多词曲作者认为如果在新的作品中是以“改造原作品为目的的，在本着合乎社会需要的目的创新作品的过程中，使用和改造了原版权作品中有限的一部分，那么模仿者就应当被支持。”[1]

虽然在该案中，构成合理使用的滑稽模仿无法通过法定的

[1] 约翰森·罗森诺. 网络法 [M]. 张皋彤，等译. 北京：中国政法大学出版社，2003：54-55.

合理使用的四个因素的判断，但是法院显然更注重了创新行为所带来的重要作用。如果这种以讽刺为目的的改编行为被否定的话，将对很大一部分创作带来严重打击，同样是出于对公共利益的考虑，在该案中突出的是对“言论自由”的重要性作用的体现。另外，法院还认为，“嘲讽可以提供社会福利。”在这里，法院把目光投向了创作者的事前工作，在这个过程中创建出一个新的作品。法院的判决认为模仿类似于其他形式的意见或批评，可以根据第107条的规定，适用合理使用原则。法院认为“2 Live Crew”成员版本的《Oh, Pretty Women》明显脱离了原著作所要表达的词义，并且独立表现了其自身的特点，它改变了鼓声的表达方式、利用了演唱者独特的声音并且重叠的音乐独奏中不同的音，这些因素的组合给人以全新作品的感受。

Elsmere Music, Inc. v. National Broadcasting Co. 案[1]是对纽约市的公共关系活动的滑稽模仿的合理使用判例。SNL采用了歌曲《I Love New York》且把它改为《I Love Sodom》，联邦第二巡回上诉法院裁定使用人“有权模仿”。更广泛的使用行为同样可能是合理使用，原始在先的作品为滑稽模仿提供了蓝本，使用了原为一个已知的元素，将其通过现代文化的表达方式进行再现，并且融入新的东西，最终达到了幽默的效果或者评论的目的。经过推理后，联邦第二巡回上诉法院肯定地得出一个结论，即“模仿和讽刺之间的区别是难以辩明的”，法院需要判断的是，使用行为是否形成一个新的、有效的讽刺或模仿，而不是该模仿行为仅仅是复制歌曲本身所已经涵盖的幽默含义。

关于“著作权法”应该滑稽模仿也同样适用于评论家的想法遭到了非议。学者们担心法官给了模仿者太多的回旋余地并且使他们可以依托模仿的名义侵犯著作权。许多针对滑稽模仿改革的不同建议指出，大范围的使用滑稽模仿是对权利持有人的不公

---

[1] 482 F. Supp 741 (S. D. N. Y. 1980) aff'd 623 F. 2d 252 (2d Cir. 1980).

平对待，但持有此种观点的人忽略了一个前提，就是新的创作者可以直接从权利人那里获得有效授权。但就该案而言，权利人通过其垄断地位拒绝了使用者的要求，而这种拒绝并不是一个能够通过议价方式进行调解的因素。“模仿抗辩已经走得太远，导致了现在允许明目张胆对受保护的宝贵的知识产权进行敲诈。”波斯纳强调，只有很少一部分的滑稽模仿需要通过授权来获取资源，因此它不应该作为一个防御侵权的理由，这就是在法律上的盗窃，而小偷并没有特权。

在滑稽模仿这个问题上，合理使用原则的适用不利于提高司法的一致性和立法上的可预测性。预测到达一个什么程度的模仿属于可以被合理使用接受的程度是非常困难的。这些建议是针对当前的合理使用体系，依法官在酌情选择之间的不同判决效果而产生的。从宪法第一修正案的角度来看，虽然商业模仿可能成为一种受合理使用制度保护的行为，但是其强大的商业利益使他们的著作权法框架中处在了一个可疑的境界。为了解决这个问题，法律应该更加鼓励模仿，鼓励通过微小的改动进行再创作，这样能够吸引更多的人从事这种形式的创作，同时也让著作权持有人从他人的模仿市场中获利。

实践中，滑稽模仿很少会对权利人的作品市场造成负面影响，相反的，某些“恶搞”的成功恰恰有助于提升人们对原著作的需求。2006 年初，风靡网络的恶搞视频《一个馒头引发的血案》就发挥了推动电影《无极》票房的作用。这个事件虽然最终并没有引发实际的诉讼，但是在学术界掀起了一阵讨论的高潮。著者认为《一个馒头引发的血案》本身并不属于合理使用的适用范围，原因在于“馒头”所要传递的短篇寓意本身与电影《无极》没有任何关系，与原作品之间不是演绎的关系，因此也就没有讨论合理使用的前提，而“馒头”的制作者胡戈客观上确实使用了电影《无极》中的画面进行创作，并且因此而获利[1]，确有“搭便车”之嫌，但是又无法在知识产权制度中确定两部作品之间的关系，在这个案例中，似乎可以尝试从不正当竞争的角度进行考虑，而作为电影《无极》的权利人，应当由权利分享一部分商业利益。

---

[1] 虽然《一个馒头的血案》是权利人胡戈作为免费资源放到互联网上供人欣赏的，但互联网经济确实为这位作者的创作带来的回报，比如其名誉上的评价，以及随后因为作者才华而吸引到的其他商业机会。很难判断的是，胡戈从“馒头”本身的传播中获取了多少回报，而当前在价值确实存在的时候，权利人可以通过法定许可制度向这种使用行为要求回报。无论最终权利人可获得的货币价值高或低，至少这一经济保障制度体现了一种对原作者利益的尊重。

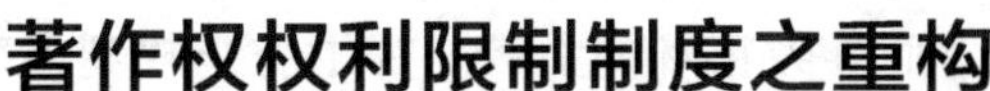

第5章

著作权权利限制制度之重构

如果我们不做任何前人没有做过的事情，我们就会永远待在一个地方，法律将停滞不前，而世界上其他事情将继续前进。❶

法律规范与社会规范存在密切的关联，法律只有符合社会规范才能得到社会公众的认可和尊重，❷ 进而得以有效运行。因此，立法者的主要任务在于发现、选择合理的社会规范，对其予以认可，甚至赋予其法律效力，❸ 从而实现社会治理。

5.1 数字技术对现行法律体系的影响

5.1.1 数字技术消除因交易成本过高而导致的市场失灵

在著作权领域中，市场失灵的发生取决于权利人和使用人的相互状态，因为获得使用授权的成本过高，从而造就了一部分的合理使用空间。在数字权利管理系统中，权利人不需要特别授权给某个或某些人且能够以合理使用的方式来使用他的作品，而使用者也不需要通过重重障碍、造访每一个可能与权利相关的人，在数字权利管理系统内部，对作品使用的授权及付费仅仅需要一

---

❶ 丹宁. 法律的界碑［M］. 刘庸安，张弘，译. 北京：法律出版社，2000：6.；高等法官丹宁勋爵在派克诉派克案中的判词，转引自《法律的训诫》首语。

❷ COOTER，ROBERT D. The Rule of State Law Versus the Rule－of－Law State：Economic Analysis of the Legal Foundations of Development［R］. the Paper for the Annual Bank Conference on Development Economics，Washingtong，D. C.：World Bank，1996.

❸ Basu，Kaushik（2001），The Role of Norms and Law in Economics：An Essay on Political Economy Working Paper，Department of Economics，Cornell University.（法律的最重要功能是选择社会规范而不是制定社会规范。）

些信息的交换便得以达成，交易成本问题不再成为挡在权利人和使用人之间的屏障。

著作权法要解决的市场失灵有两种情形：第一，由于成本过高而无法控制的行为，例如私人复制；第二，由于著作权产业形成的垄断势力而导致市场的无效。为了防止权利人对市场的垄断，著作权的制度设计方式是强制许可，即无论著作权人是否同意，只要是利用者履行了法律规定的要件，即可使用著作权人的作品，但是需要为这种使用行为付费。❶

数字技术可以解决市场失灵的问题，即通过对数字信息的流转进行详细的记录与追踪，通过这种方式，权利人可以比较精确地掌握其作品被使用或传播的情况。

在世界知识产权组织版权条约（WCT）的序言中特别强调，为了应对信息与通信技术发展所带来的巨大挑战，缔约各方“承认信息与通信技术的发展和交汇对文学和艺术作品的创作与适应的深刻影响”❷“特别是信息技术使得计算机程序和数据库成为可能，而且信息和通信技术使得能够通过数字网络进行各种形式的数字复制和传输。此外，加密技术与电子权利信息管理对于作品的使用也是十分重要的。”❸

首先，数字技术已经可以在很大程度上解决传统理论中以交易成本过高为由而设定合理使用制度的问题。

其次，在数字传播技术下传播，传播者的地位及作用已经越来越明显地被分离出来，在作品的实际流转中起到了至关重要的作用，那么应该如何认定作品流通中的“成本”成为新的问题，通过新媒体传播的行为，成本与收益不以作品本身为商品来衡量。

---

❶ 张今，卢亮．合理使用实案调查与分析［M］//吴汉东．知识产权年刊(2008)．北京：北京大学出版社，2009：171.

❷ 《世界知识产权组织版权条约》（World Intellectual Property Organization Copyright Treaty，WCT)，1996.

❸ 约格·莱因伯特，西尔克·冯·莱温斯基．WIPO 因特网条约评注［M］．万勇，相靖，译．北京：中国人民大学出版社，2008：33.

成本交易分析方法以作品流转需要成本为前提，而在现实生活中，交易成本以及收益逐渐被传播者所主导，交易成本随着技术的发展逐渐降低，而收益在以不依靠单纯流转成本降低的方式升高，两者不成正负相加为零的局面，而是收益（依靠除技术以外的其他因素）远大于流转（仅技术就可直接降低的）成本支出。

5.1.2　社会文化发展趋势要求合理使用制度继续存续

印刷术结束了注经者的时代，使跨文化的交流成为可能，学者们不再需要通过周游列国的方式来获取知识、寻找读本，而是坐在图书馆里，将不同的思想体系和专业化的学科结合起来，通过阅读更加丰富的读物促进他们思想的发展，促使旧的思想与新的思想结合，在"书籍相互参证的新时代"，新的思想体系得以诞生。[1]

那些集印刷商和学者于一身的人决定了图书馆里会出现什么样的书，印刷商通过他们在思想交流上的优势，吸引了学者、文人和艺术家，印刷术改变文化传播的模式是技术本身带来的整个文化的前进和对旧的思想的颠覆，因此讨论技术革命带来的文化传播方式的变革对人们思想的影响是具有深远意义的。

传统出版业的成本与收益之间的关系近于天平的两头：

[作者＋传播者（出版商、发行商、书店）] 的收入＝消费者支出

作者使文学、艺术具备了特有的表现形式，并使这种形式具备受著作权保护条件的人。作品最初的传播者书商并不能在民法体系中以知识产权的传播者为由占取任何法律意义上的地位，在通过手工抄写复制的年代，书商们眼里的书籍与大米或者花瓶没有什么区别，虽然著作权制度是以保护作者利益为名，但是"这一制度并没有因为人类创作出第一部作品而产生，而是在印刷术得以广泛应用之后才逐渐发展建立起来的。"[2]在印刷商与出版商

[1] 伊丽莎白·爱森斯坦．作为变革动因的印刷机：早期近代欧洲的传播与文化变革［M］．何道宽，译．北京：北京大学出版社，2010：42－44.

[2] 郑成思．著作权法［M］．北京：中国人民大学出版社，1990：8.

为同一主体的年代，印刷商的贡献在于他们给读书人提供更加丰富多样的书籍，远非过去的抄书人所能匹敌。[1]

在网络环境下，著作权相关利益方可以划分为拥有作品权利的著作权权利人、以网络服务商为代表的网络信息传播者、以最终个人用户为代表的网络信息使用者三大利益群体。但是，由于互联网的作用，这三大利益群体之间的界限日益模糊了。互联网把大众传播的花费降到了多数人可以负担的水平，新的大众传播信源成为可能。[2]与创办一份新的报纸或开办一家电台的高额成本相比，一个人仅凭一台计算机、支持连接互联网的硬件设备以及一些计算机软件就可以开办一个个人电台，或是创作一份数字杂志，并将它放到互联网上供人欣赏。

“个性化和典型性的新意识进入的圈子可能首先是印刷商和版画经常接触的圈子，他们出版发行服装手册、图案书、王室入城式纪念册和地区指南。”[3] 因此，当《安娜法》以其保护“作者”的名义被历史颂扬的时候，我们还是透过作者外衣看到了出版商的身影。出版商们在将身份从印刷商那里脱离开的时候，除了出版利益，还加了一件作者的外套。除了不断翻印历史旧籍，那些具有才华和创新能力的学者和艺术家们最初也许就是出版商本人。从16世纪开始，最先进的学术中心似乎从讲演厅和教学中心转移到了一些印刷商的作坊，印刷商们需要不断地向教授、画家、翻译家、图版经销商、图书馆馆长等有学问的人请教他们在完成一部作品发行前所碰到的所用问题。[4]印刷商们占据着具有文化指引作用的重要地位，他们操控着符号，影响着人们对客

---

[1] 伊丽莎白·爱森斯坦．作为变革动因的印刷机——早期近代欧洲的传播与文化变革［M］．何道宽，译．北京：北京大学出版社，2010：42.

[2] 约瑟夫·R. 多米尼克．大众传播动力学：数字时代的媒介［M］．7版．蔡琪，译．北京：中国人民大学出版社，2009：19.

[3] 约瑟夫·R. 多米尼克．大众传播动力学：数字时代的媒介［M］．7版．蔡琪，译．北京：中国人民大学出版社，2009：50.

[4] 约瑟夫·R. 多米尼克．大众传播动力学：数字时代的媒介［M］．7版．蔡琪，译．北京：中国人民大学出版社，2009：51.

观世界的认识。

在抄书传播思想的年代，对演讲词、课堂讲稿、文本、诗歌等梳理成一种能够适应印刷术的要求的书籍，这本身就是一个创新的过程。“合理使用”从一开始就与著作权制度的诞生相伴，作品因对现有资源的重新组合而产生，“财产权作为一件制度外衣，其所覆盖的社会关系充满了历史和文化的偶然性，在时间的长河里经历了各种变化和组合”。[1]在数字环境中，合理使用制度需要寻找其新的时代定位，更多地出于公共利益的目的，延续传统著作权制度中的地位。

5.2　数字权利管理体系的建立

5.2.1　数字权利管理

5.2.1.1　定义

数字权利管理体系是指权利人利用一系列的数字技术实现控制作品保护权利对象的技术手段。数字权利管理的设计理念是使侵权行为变得难以实现且成本高昂。权利人为了实现对作品权利的垄断，不断利用数字技术进行努力，比如，最初，音乐作品权利人通过在唱片、光盘上加密的方法试图阻止作品的复制，但效果并不显著；在互联网上采取措施，保护利益免遭侵害的办法相对成功，这一途径可以清楚地控制传播者与最终用户的使用数据。

5.2.1.2　功能

(1) 传播

如果说印刷术最重要的作用是它的保存功能[2]的话，那么数字技术最重要的贡献应该是传播功能的作用。2000年之前，

---

[1] 余九仓．知识产权的工具论：读德拉贺斯的（一种知识产权哲学）［M］//刘春田．中国知识产权评论（第1卷）．北京：商务印书馆，2002：385.

[2] 伊丽莎白·爱森斯坦．作为变革动因的印刷机：早期近代欧洲的传播与文化变革［M］．何道宽，译．北京：北京大学出版社，2010：67.

人们大多选择购买光盘的方式欣赏音乐，唱片产业还在如火如荼地控制着音乐市场。进入2000年后，随着音乐数字化技术的提升，一种与光盘效果相似的音乐文件格式越来越流行起来。苹果公司的iTunes音乐商店应运而生，当时，互联网上未经授权的音乐作品随处可以下载，音乐产业将随后几年的衰败归结于这场侵权“灾难”，而在苹果公司以付费方式下对正版歌曲的经营被很多习惯下载盗版音乐的使用者所嘲笑的时候，他们还没有意识到免费的音乐资源将不再那么容易得到了。在这个转型时期，苹果公司迅速占领了接近70%的在线合法音乐下载市场。iTunes成功地运行了一个“合理支付”的电子权利管理平台。

（2）记录权利使用情况

对数字权利管理机制的设计将解决很多传统制度中难以解决的问题。首先如前文所述，市场失灵理论的情况已经不复存在。其次，数字权利管理体系同样可以实现以公共利益为出发点的合理使用。在这个数字化的世界里，当一切交易都可以被精确地计算出来的时候，著作权体系中还需要合理使用来限制权利人吗？著者的答案是否定的。权利人可以控制一切，他们的利益取得多寡可以完全交给市场来决定，合理使用是从使用人的角度对权利人的限制，但是当权利人为了获取更多的利益或者是另用其他途径获取利益的时候，无须利用合理使用来制造空间，权利人已经主动放弃了基于原始著作而依靠传统方式来获利了，这是一个“舍”与“得”的辩证关系。

5.2.1.3　对权利限制制度的影响

完全依靠计算机的计算来衡量合理使用是有一定缺陷的，比如，它可能无法对使用小部分的权利作品进行再创作的情形进行识别，而在很多个别案例中，对权利作品的再创作行为是否适用合理使用本身对法官而言也是一个巨大的挑战。对权利人来说，合理使用本身就是一个被排斥的制度，当然不可否认的是，当他们进行创作活动的时候，这也是一个最受欢迎的制

度。在法律上取得的平衡具有高度的可塑性，尤其在以“额头出汗”为理念的美国，还没有一个能够确定衡量合理使用情形的先例。❶

为了保障使用人的合理使用的权利而说服权利人建立一个可以赦免使用者行为的系统并非易事，与在非数字技术环境下的情形相同，即便是三五秒的音乐背景的使用，也会招来收到律师函的风险。但是现实中的矛盾日益突出，像“跳舞宝贝案”所引起的旷日持久的纠纷那样，在避免权利人对其绝对权滥用的同时，又要禁止如今的视频平台为了规避风险，将完整作品碎片化后进行传播，以合理使用之名行实际侵权之为。

为鼓励通过数字技术环境下的合理使用，无论是权利人还是使用者，都期望法律和技术能够解决数字技术环境下的作品网络中使用的问题。

在新的框架下，允许给予最终用户更大的自由度来使用数字内容，例如，未来的数字权利管理机制可能实现的功能包括在信息传递层面，它将允许被从多个数据源授权，甚至有可能从用户自己的资源处授权。比如基于传统的权利理论，设计出旨在明确终结用户的合理使用权，建议扩展传统的数字权利管理系统，使得授权可以来自不同的资源，也包括用户自身。这将有助于权利人控制其作品使用的情况。

在著作权领域，公与私之间的区别从来就不是一成不变的。人们观看的、收听的和阅读的很可能是公共与私人生产的内容的混合体，而且在很多情况下，他们难以分辨两者之间的差别，比如，英国广播公司制作的新闻节目常在商业电视台播出。❷

在合理使用制度中，几乎列举的所有行为的目的都是最终创

---

❶ F10 by Timothy K. Armstrong.

❷ 约翰·哈特利．创意产业读本［M］．曹书乐，包建女，李慧，译．北京：清华大学出版社，2007：13.

造新的包括物质的与精神的社会财富。排除再创作的情形，其他的几项列举如批评、评论、新闻报道以及对权利作品基于教学的使用——都可转换为劳动力价值中的一部分（即成本可计算）在现行著作权法的框架内，以“对著作权的限制”为入口，将“法定许可”的情形与“合理使用”的情形相并行，扩大法定许可的范围，进一步严格限制合理使用的适用。

5.2.2 临时复制

在新技术下，尤其应该关注临时性复制的性质以及它带来的利益冲突。我们有必要探讨什么样的“个人使用”行为可以归于合理使用，当符合这种合理使用的情况时，是否还需要通过“合理使用”的理由进行抗辩免责吗？著者认为，答案是否定的。任何个人使用的前提应该是在使用者获得、欣赏、使用该作品时，他们是这个作品的消费者，已经为他们的私人使用行为付出了合理的对价，著作权利人已经实现了其基于作品的财产利益。未通过支付合理对价的而得以“欣赏”权利作品的行为都应视为“非”合理的使用，属于侵权行为。人们经常能够看到视频网站上播放最新最热门的电影，尤其在很大一部分中文网站上，可以看到由不同的翻译组织翻译的中文字幕版的好莱坞大片，而且在片头处，观众们会看到诸如“仅供个人欣赏”“下载后请删除”等类似用于“免责”的声明。

从2003年到2008年，在达8385起著作权与相邻权案例中，涉及“合理使用”的案件为87起，仅占总数的1.04%。各地案件的数量差异明显透露出地区之间的差异。[1]随着公众的著作权意识和权利人维权意识的提升，虽然各地区与著作权相关的案件呈逐年提升的态势，但是涉及“合理使用”的案件并没有随着著作权案件数量的提升而有所增加，事实上，该类案件在各地发生的频率恰恰正在减少。

---

[1] 张今，卢亮．合理使用实案调查与分析［M］//吴汉东．知识产权年刊（2008）．北京：北京大学出版社，2009：165.

如前所论，知识产权制度从其诞生之日起就在成为打着创作者旗号的资本操作者实现更大经济利益的工具，这并不是对这一制度的批判；作者、发明家从中获取精神方面和物质方面的利益，出版商、制造商通过权利垄断确保实现经济效益，在这一制度中的各个主体之间，大家各取所需，各自实现自身利益的最大化，这是一个宏观的经济平衡。不过现在有那么一部分人更愿意通过放弃这一权利而通过其他途径来实现自身利益的最大化。

《千禧年数字著作权法》是为了实现利益集团获取更长时间保护的修正案，在刚刚通过的 10 年后，美国最有价值的、依靠数字技术开发为依托的大公司，却正在通过诸如开放源代码的方式放弃他们的“专有权”来实现更大的利润。2011 年，英国《金融时报》评出的世界 500 强企业中，苹果列第三名，共有 100 家科技公司进入该榜单，2012 年，美国权威杂志《财富》公布的世界 500 强企业中，苹果从上一年的第 111 位一跃到了第 55 位，[1]虽然上述两个数据看起来似乎差别很大，这主要取决于两家机构的评测参数不同，但不可否认的是，苹果凭借着近年来的表现成为最耀眼的明星。

法律规范应与社会生活相结合，从社会、文化、经济、政治之脉络中了解“实际运作中的法律”，而非将研究范围窄化为法律（法条或判例判决）本身，仅局限于“书中的法律”，刺激法律社会分析之终局目的。

虽然在著作权法中明确将合理使用的权利赋予了使用者，但是当权利作品以数字形式出现的时候，合理使用就不再可能了。著作权利人开始建立数字权利管理机制，在这一系统中，用户的每一次使用都将需要得到权利人的许可，或者需要为使用行为支付相应的对价，对权利人而言，对作品被使用的数据掌控达到了

---

[1] 百度搜索关键词：世界 500 强 2012 排行榜［EB/OL］. http：//baike. baidu. com/view/8958857. htm.

一个前所未有的高度。尽管，总有一些熟知技术的人能够想出办法绕过数字化权利管理的控制系统，然而在美国，这一行为却可能触犯《千禧年数字著作权法》。著作权利控制人可以通过电子权利系统有效地避免“合理使用”的发生而保障其收益，而《千禧年数字著作权法》又给了权利人以实现限制合理使用的法律保障，因此，最终导致了降低用户得以行使受法律保护的合理使用权利的可能性。随着越来越多的受著作权保护的对象以数字形式出现，人们不禁要提出这样的问题：数字权利管理机制是否会结束用户依法自由使用受保护作品的时代。数字权利管理体系可能会降低法律许可与技术能力所带来的现实中的分歧，对合理使用制度的适用将在新的技术环境下得到新的适用范围，数字权利管理体系未来将起到调整权利人及使用人之间关系的作用，而不是简单地消除合理使用。

5.2.3 网络运营商的法律责任

网络运营商作为知识经济中重要的知识传播者，正在逐渐期待传统知识产权制度中出版商的地位，其在知识传播过程中的地位与传统媒体行业者亦不可同日而语，所以在对著作权权利限制制度进行调整设计的时候，有必要加入对网络运营商的法律责任的讨论，加强网络媒体的责任将进一步保障权利人的利益，尤其在实现法定许可中对权利人的利益分配起到重大的影响。

网络服务提供者包括网络内容供应商和网络服务提供商，它们分别担负着互联网上内容与硬件服务的不同职能。根据中国互联网网络信息中心（CNNIC）发布的《第 28 次中国互联网络发展状况统计报告》，截至 2011 年 6 月，中国网民数量为 4.85 亿人次，以数字音乐的使用情况为例，2011 年上半年，网络音乐用户规模为 3.82 亿人次，使用率为 78.7%，仅次于对搜索引擎和即时通信的使用。然而真正为下载音乐买单的用户微乎其微，如何改善这种现状需要从研究网络运营商的法律责任入手进行讨论。

5.2.3.1 网络内容提供商

网络内容提供者（ICP）是指选择某类信息并上传到互联网上供用户访问的一类主体。任何人都能成为网络内容提供者，不论是普遍的个人用户还是某个大型企业，只要向网络发布信息就属于内容提供者。如果其选择上传的信息中有违法或侵权的内容，版权人就要追究互联网内容提供者的侵权责任，要求它们为自己在网上发布的内容负责。[1]

以数字音乐为例，近年来发生多起针对网络服务商的侵权诉讼，其中不乏百度、搜狗和迅雷等网站，这些诉讼旷日持久，耗费巨大，但是成果并不显著，唱片公司在针对诉百度、雅虎等企业的诉讼中，由于我国知识产权侵权判赔基本以填平主义为主，赔偿额非常有限，客观上对于侵权人而言，侵权成本过低，这就造成了对整个音乐行业正版的推广和对盗版的遏制没有起到根本的作用。在一个法律保障较弱的互联网环境下，对消费者而言，获取免费受权利保护的作品已经成为习惯。

5.2.3.2 网络服务提供商

网络服务提供者（ISP）是指为互联网提供信息传播中介服务的人。其基本特征是按照用户的选择传输或接收信息，本身并不组织、筛选所传播的信息。作为信息在网络上传播的媒介，网络服务提供者的计算机系统或其他设备不可避免地要存储和发送信息。[2]因此，当权利人发现侵权情况时，网络服务商不可避免地具有相应的责任。而数字音乐的非法传播正是通过互联网实现的，且获取渠道非常多，只要能上网就可以通过各种各样的网站获取数字音乐内容。比如深层链接网站、非法的音乐搜索引擎，还有音乐类的直接侵权盗版的音乐视听网站，还有点对点类的服务业可以下载，即通过在计算机安装一些音乐盒来使用服务，可

[1] 宋乐．网络快照服务的著作权问题研究［M］//张平．网络法律评论．北京：北京大学出版社，2009：33.

[2] 薛虹．网络时代的知识产权法［M］．北京：法律出版社，2000：206.

以去网盘上下载，可以在视听网盘上下视频，可以去网络电台听音乐。因此，我国宽松的知识产权保护环境造就了盗版音乐非常简单，而侵权成本几乎为零。这种情况在国外也曾出现过，但各国通过一系列的顺应数字技术的立法以及严格的司法环境，使得互联网侵权行为得到了非常有效的遏制。

从技术上而言，我国 ISP 能够通过一系列手段屏蔽一些色情的、政治性的内容，中国的“防火长城”是在关键点上的过滤，而不是某一个网站用户的过滤，运营商通过对关键节点的屏蔽来阻断不良信息，因此在技术上屏蔽侵权使用是可行的。现行法律中没有特别针对 ISP 的侵权责任进行认定的法律制度，在《中华人民共和国电信条例》第 57 条规定了任何组织者或者个人不得利用电信网络制作、复制、发布、传播的具体 8 种情形，其中没有特别针对知识产权的特别条款，但在第 9 款的兜底条款中规定了不得实施含有法律、行政法规禁止的其他内容。在《互联网信息服务管理办法》中的规定与电信条例相仿，也没有特别针对知识产权保护的条款。尽管盗版行为可以归于适用上述规定，但是在司法实践中，或是从整个知识产权的保护体系里，难以寻找界定 ISP 责任的制度或条款。

5.2.3.3 避风港原则与红旗标准

避风港原则是指在发生著作权侵权案件时，当 ISP 只提供空间服务，并不制作网页内容，如果 ISP 被告知侵权，则有删除的义务，否则被视为侵权。如果侵权内容既不在 ISP 的服务器上存储，又没有被告知哪些内容应该删除，则 ISP 不承担侵权责任。后来，避风港原则也被应用在搜索引擎、网络存储、在线图书馆等方面。避风港原则包括两部分，即“通知 + 移除”（notice - take down procedure）。作为一项与避风港原则相对抗的原则，红旗标准是指，“不实际知晓”用户上传的内容或被链接的内容是侵权的，以及“在缺乏该实际知晓状态时，没有意识到能够从中明显发现侵权行为的事实或情况”，同时被列为信息存储空间和信息定位服务提供者不为他人直接侵权行为承担间接责任的条件。[1] 当有关他人实施侵权行为的事实和情况已经像一面色彩鲜艳的红旗在网络服务提供者面前公然地飘扬，以至于处于相同情况下的理性人都能够发现时，如果网络服务提供者采取“鸵鸟政策”，像一头鸵鸟那样将头深深地埋入沙子之中，装作看不见侵权事实，则同样能够认定网络服务提供者至少“应当知晓”侵权行为的存在。

在美国《千禧年数字著作权法》和我国的《信息网络传播权保护条例》中，都体现了避风港原则和红旗标准。红旗标准已经在我国的司法实践中有所体现，[2]在国外及国内的判例中表明，优先适用避风港原则的前提是侵权者没有“引诱侵权”的客观事实，即当经营者的特定商业模式导致了侵权的发生，则无避风港可言，[3] 对于这种过错的认定，已经超越了红旗标准，这一司法实践的趋势体现了法律应对技术发展带来的新问题，以更为严格的标准适用避风港原则。

如今的互联网企业，ICP 和 ISP 的界限已经越来越模糊，除却仅仅提供传输服务的电信企业外，以存储服务为单纯业务的互联网服务商已经与内容服务商渐渐同一，尤其在云技术的发展下，两者更是合而为一。避风港原则在我国当今知识产权法律环境下并没有起到积极作用，反而为侵权行为建立了一个真正的“避风港”。由于我国现行知识产权体系对于侵权责任的赔偿采取了补偿性原则而不是赔偿性原则，这就使得侵权者可以依靠避风港原则的保护实施侵权行为，在一个侵权成本很低而维权成本过高的司法环境中，使用避风港原则有违法律所要保护的正义。

---

[1] 王迁．超越“红旗标准”：评首例互联网电视著作权侵权案［J］．中国版权，2011，6.

[2] 优朋普乐公司诉 TCL 集团和迅雷公司案。

[3] 王迁．超越“红旗标准”：评首例互联网电视著作权侵权案［J］．中国版权，2011，6.

5.2.3.4　三振出局

美国唱片业协会最早提出建议，希望能够利用ISP的优势，与其进行合作，进而实现对权利的保护，合作的方法简称为“三振出局”，即当用户侵犯他人著作权，非法进行文件共享时，由ISP向用户发出警告，如果用户继续从事该行为，ISP将会中断用户的服务。[1]韩国于2009年开始通过执行“三振出局”的办法打击盗版，而且效果是极其显著的，非法下载大幅下降，数字音乐的收入则大幅攀升，在这样的环境下，无疑对创作者的激励是明显的。[2]虽然“三振出局”的引入最初是特别针对点对点的文件分享形式，但是这种机制的引入对打击我国现阶段的音乐盗版问题的作用很大。同时，将电信服务商的责任引入著作权制度中，对权利限制制度中的法定许可的实施，实现对权利人的经济利益保护同样可以起到积极的作用。

“三振出局”措施在各国具体实行中引起了很大的争议，ISP有权终止用户使用终端是对隐私权和言论自由的侵害。然而已经实行“三振出局”的国家确实实现了对著作权的有力保障，而这种保障同样也是有利于公共利益的。

与我国情况不同的是，在著作权保护较强的国家，从ICP服务中寻找免费音乐资源进行下载是非常困难的，国外的权利人更为关注通过点对点软件对受保护作品进行传播的情况，“三振出局”的措施主要是为了应对这种形式的侵权，各国关于这项原则的立法大都发生在近几年，除了上面提到的韩国以外，我国台湾地区于2009年4月通过实施，法国于2009年9月开始实行，新西兰于2011年9月开始实行等等，这一现象说明“三振出局”是针对技术变革的有力措施，同时也说明各国为应对后工业时代技术进步而带来的被打破的平衡做出了及时的法律调整。

---

[1] 宋廷徽．“三振出局”法案全球化路径之探讨［J］．知识产权，2010，20(116)．

[2] IFPI数字音乐报告，2011.

著者认为有必要在我国法律体系中体现“三振出局”的原则，它将有利于净化互联网知识产权法律环境。针对我国互联网中的普遍使用和传播盗版作品的现象，“三振出局”不乏是一个可以“一步到位”的解决方案，它的确立首先对网络内容提供商加以最强有力的制约，同时也为经过合法授权的网络服务商提供公平的竞争环境，尤其对提升互联网企业的盈利能力带来最有力的保障。

5.3 法定许可

5.3.1 法定许可的定义及作用

著作权法要解决的市场失灵有两种情形：第一，由于成本过高而无法控制的行为，例如私人复制；第二，由于著作权产业形成的垄断势力而导致市场的无效。为了防止权利人对市场的垄断，著作权的制度设计方式是强制许可（法定许可），即无论著作权人是否同意，只要是使用者履行了法律规定的要件，即可使用著作权人的作品，但是需要为这种使用行为付费。❶

法定许可制度与合理使用制度是著作权权利限制体系中两种不同的权利限制的形态，两者均以无需征得权利人的许可为前提条件，区别在于是否需要向权利人支付相应的报酬。

5.3.2 各国的立法情况

5.3.2.1 美国

美国法定许可制度主要体现在三个方面，包括反垄断、市场定价和以公共利益为出发点的保护公众的知情权。❷

通说认为，著作权的权利限制制度主要由三个部分构成，包括合理使用、法定许可（为法律授权符合条件者在一定范围内使

---

❶ 张今，卢亮．合理使用实案调查与分析［M］//吴汉东．知识产权年刊（2008）．北京：北京大学出版社，2009：171.

❷ 李永明，曹兴龙．中美著作权法定许可制度比较研究［J］．浙江大学学报（人文社会科学版），2005（4）.

用他人作品而不必经过著作权人许可）、强制许可（为符合条件的使用者申请主管部门授予自己使用他人作品的权利）。

依据美国著作权法对法定许可的立法以及修法的历史来看，随着技术进步，新的复制技术带来的复制条件的改变直接影响了著作权制度内对权利限制尺度的把握，比如1998年将某些录音制品进行临时复制纳入法定许可范围之内就体现了一种新的平衡的选择，即保障公众对受保护作品的接触权。

美国著作权法中规定了以下几种法定许可：①第111条关于有线转播的法定许可；②第114条对录音作品和制品进行某些形式的公开演播和转播；③第115条关于制作和发行非戏剧音乐作品的录音制品；④第116条通过投币式自动播音机对录音作品和制品中的非戏剧音乐作品的使用；⑤第118条关于对已公开的非戏剧音乐作品、绘画、图形和雕塑作品在非商业广播中的使用；⑥在1988年实行的卫星家庭收视者法中以私人家庭为受众，对超级台和联网台的转播的法定许可制度；⑦1998年《千禧年数字著作权法》中对某些录音制品进行临时复制；⑧1999年卫星家庭收视者法案修正了在原市场范围内的卫星转播。

5.3.2.2 德国

德国著作权法关于法定许可的原则性规定主要有以下几条：①第46条中为宗教、培训和教学目的而将已出版的短篇或单篇的语言作品、音乐作品、艺术作品等编入集体作品中，为此而复制或传播；②第47条中规定为教学目的，教师培训与继续培训学校和机构以录音录像方式复制学校广播中的作品。如果在学年末不销毁该录音录像制品，应向作者支付公平的报酬；③第49条第1款规定复制或公开传播单篇广播评论和报纸文章等，其内容为日常的政治、经济或宗教问题，且文中未注明不许转载；④第54条规定如果根据作品的性质，预料作品将会通过录制广播节目、转录现有录制品的方式进行复制而用于个人的使用，则该作者有权向这些录音录像设备的制造商或进口商就提供此种复制机会而索取合理的报酬，此项权利可通过收费机构行使。❶ 另外在第61条特别针对录音制品的复制行为作了较为详细的规定。

5.3.2.3　加拿大

加拿大作为英联邦国家，其著作权法体系的建立与英国更为接近，加拿大著作权法中关于公平交易条款同其他国家所规定的大致相同，就使用目的而言，限于个人学习、批评或评论和新闻报道的用途。❷同时，如果不是以研究或个人学习为目的，但可以证明自己复制的作品来源，也可以使用合理使用条款。

加拿大于2011年通过的C－11法案对学术机构的影响较大，有学者认为，过分地加强对作品的保护对基于个人使用和研究的公平交易中所规定的例外情形，即合理使用的适用情形。C－11法案将对受保护的资源通过“数字锁”的方式提供保护，这是一种以数字权利管理体系为依托的保护措施，而这项措施将对学术机构的研究和学习的权利造成不利影响，直接的后果就是增加教育机构及学生获取资料的成本。然而持相反意见的学者认为，“加拿大每年有大量的资料被复制并用于教学。有的没有因此而获得过任何报酬。”“如果主要市场——学术机构——被排除在版权政策和收费之外，作者将得不到任何经济刺激来支持其工作，因此，公平交易例外规定将进一步阻碍出版发行。”❸ 给予学术机构过于宽松的公平交易的适用条件可能为教育和学术界的惨淡经营雪上加霜。如何找到学术机构以及学术研究作者之间的利益点，是数字条件下需要解决的问题。如果说通过“数字锁”的方式增加了学术研究者获取资料的有形成本的话，那么同时，通过互联网获取学术资料也消除了传统的学术资料获取方式的限

---

❶ 胡开忠．知识产权法比较研究［M］．北京：中国人民公安大学出版社，2004：162.

❷ 加拿大著作权法第29条．

❸ “加拿大新著作权法或将造成负面影响”中国保护知识产权网［EB/OL］．http://www.ipr.gov.cn/guojiiprarticle/guojiipr/guobiehj/gbhjnews/201110/1262623_1.html.

制，学生或教师在进行相关研究时无需受图书馆资料欠缺的制约，也不受获取资料的时间的限制，因此为互联网的便利支付相应的成本是合理的。这实际上就是一种将传统公平交易例外的情形还原为授权使用的情形，然而这种还原同时可能为权利人带来较为强势的定价地位，为了寻求一个利益平衡点，需要有第三方的介入，如果继续将学术机构排除在收费行列之外，除非有人愿意资助学术出版的发展，否则这种基于公共利益的考量最终可能为公共利益带来伤害。

5.4 著作权权利限制体系的重新架构

合理使用的产生之初，针对的是那些可控性较强的传播资源，他们需要通过物权流转的方式实现使用，然而，互联网的出现使得可以用于传播的资源可以随时随地，无孔不入地传向任何地方，被任何一个能够找到它的人所用，因此，合理使用的概念已经面目全非。

约翰·冈茨与杰克·罗切斯特认为《千禧年数字著作权法》对合理使用制度起到了一个微妙的作用，该法案通过对版权保护与加密等的规定对合理使用起到了一个微妙的抑制作用。虽然法律上准许对内容的合理使用，但是由于加密等措施，使用者想实现从完整作品中截取一小段的使用可能困难重重，尤其在音乐作品或是视听作品中难以实现。当然，使用者可以通过向权利人获得许可的方式获得想使用的部分，但是，这又将回到合理使用原本就存在的两种可能性：如果是模仿或者评论，权利人乐于授权给正面评价的人，那么实现负面评价的合理使用的空间就更小了，当人们不再拥有“合理使用”的权利或者是想实现合理使用客观上已经不可能的时候，那么这个制度继续存在的意义在哪里呢？原本允许使用别人一小部分作品可以达到激励创新的目的，实现新的利益，这是权利人所乐见的，而当权利人是艺术家本人时，他们可能对别人合理使用的行为更为宽容，这种情形发生的时候，到底是合理使用制度本身在起作用还是权利人主动放弃权利的实现在起作用呢？答案显然是后者。那么，合理使用的地位便更加摇摇欲坠，它在整个著作权制度中的作用也就越来越小。

著者认为，在著作权法逐渐调整的进程中，合理使用不但不需要事无巨细，相反地，更应该以一种原则性的方式在法律中呈现。权利人在主动放弃实现某些权利而换取其他回报的时候，合理使用并不必然成为使用者得以冲破权利界限的冲锋舟。

5.4.1　严格限定合理使用的界限

在新技术背景下，有条件将合理使用制度中因交易成本而导致的权利人获利不能做有效改进，从而限制合理使用的适用，同时扩大法定许可的范围。

在市场失灵的两种情况下，何种因素可以确凿地成为裁决适用合理使用的理由可以从以下判例中找到答案。在美国地球物理学会诉德士古公司案中，德士古公司未经授权影印科学杂志上的文章被认为不构成合理使用。在普林斯顿大学出版社诉密歇根州文档服务有限公司案中，法院依据合理使用驳回了主张要求复印店将销售的获利给密歇根大学教授的请求。

以上两个案例主要围绕美国著作权法第 107 条中的第四个因素——使用后的效果表现出来的潜在市场或价值——展开讨论。美国地球物理学会的著作权结算中心为用户提供了一个获得授权的途径；而普林斯顿出版社又单独设置了一个权限部门。这些因素导致法院认为通过一个工具而获得使用作品的许可是权利人为了免受经济损失而设计的技术性措施，受这一措施限制的作品应当受到保护。法院的理由是，损失的许可费用构成了损害市场的事实，Newman 法官认为美国地球物理学会："一个未经授权的使用，当可以被认为是更公平时，没有现成的市场，或可以支付使用费用的方式，而本案中的未经授权的使用应被认为是'不合理的'，因为有一个现成的市场或支付系统提供给了用户，"这要求用户应当通过可行的方式合法地获得使用授权。

严格限制合理使用适用范围的理由包括：

(1) 合理使用不利于保障作者的报酬请求权。*Campbell v. Acuff - Rose Music* 案告诉我们，合理使用的合法性意味着，即便使用者曾经申请了授权，即便被拒绝授权，其使用行为依然是合法的，歌曲权利人曾拒绝授权给《2 Live Crew》进行歌曲的改编，而法院以新作品呈现了批评或讽刺的风格而判定适用合理使用原则。然而这种基于原著作而获得的成功却不需要与原著作者分享收益，对权利人来说减少了获取额外收益的机会。

(2) 合理使用同时还意味着，权利人不得从他人的使用行为中得到补偿。作品在此时似乎变得与权利人毫无关系。人们可以想象一个体系，在这个体系中，任何使用者可以找到并使用任何他们想要的东西，只要他们为自己的使用行为向权利人支付必要的费用。而合理使用并没有与法定许可等同，建立一个可以给予权利人公平补偿的机制。

(3) 也许正是因为既不需要取得授权也不需要支付必要费用的规则造就了大部分使用者都是匿名的，相对于主动找到权利人取得授权，他们愿意选择一种默默无闻的方式来满足使用需求。然而这样一来，权利人将会时刻关注其作品是否被不合理地“合理使用”以防范利益受损。权利人在传统环境下，显然在限制使用人的“合理使用”途径上捉襟见肘。然而，在数字技术环境下，使用人与权利人的地位却可能发生翻天覆地的变化。权利人可以掌控一切作品被使用的状况，在这种情况下，既不需要获得授权也不必支付必要费用的使用者，想要继续以“匿名”的状态使用权利作品变得不可能了，在数字技术环境下，两个利益群体形成了一种新的不平衡，即权利人处于一个相对强势的地位。❶

---

❶ Timothy K. Armstrong.

5.4.2　扩大法定许可的范围

交易的前提是市场的稀缺性，在传统作品市场，为获取知识而进行的交易需要以物为依托，它可以是一本书、一幅画、一张唱片，因此权利人可以通过控制对复制件的交易来保障自己的利益。数字技术一度打破了这一平衡，而法律也对此作出了反应，各国在持续制定以不断加强权利保护为目的的法律。如今，数字权利管理技术又使权利保障的天平偏向了权利人，在稀缺性被重新建立的市场下，权利人可以利用数字权利管理技术实现更强烈的垄断，它再一次打破了利益平衡，因此，法律需要对保障公共利益的方面作出调整。

与传统制度下权利人控制“复制”行为不同，数字技术造成的垄断所带来的最大危险在于，权利人将掌握使用者的“使用”行为。我们经常能够看到理发店里被翻旧了的杂志，它不知道被多少人“使用”过，而为杂志撰稿的人们并不关心也无力控制杂志销售以后的流转情况，他们所能控制的是那本杂志本身的复制件的情况，他们会根据销量赚取稿费。而在数字权利管理条件下，权利人通过技术手段防止使用者自行复制，对于作品的使用情况，权利人可以掌握得比以往任何时候都清楚详细，这些数据不单单是使用频率，还包括时间、地点和人物，他们可以通过这些数据确定使用者的喜好，针对特定人群的使用习惯研发新的商业模式，赚取更多的利益。

使用者处于相对弱势的地位，必须取得授权才得以接触到相关知识，为了得到授权，必须支付相应的对价，而这一对价的前提是支付能力。过高的垄断权利将对公众的接触权带来损害，因此，在某些领域应当削弱权利人的强势垄断地位，转而采取法定许可的方式，既可以保障权利人的经济利益，也可以更广泛地实现知识有效使用的最大化。

应当去除著作权法第 32 条有关文字作品转载所规定的“著作权人声明不得转载，摘编”的但书条款。因为这一规定对实现作品的传播，不但不能起到积极的作用，而且限制了法定许可的适用范围。在数字技术环境下，这一但书条款往往形同虚设，不但不能为权利人提供授权他人许可使用的保障，而且使权利人的经济利益遭受损害。

5.4.3　严格的权利限制与强有力权利保护所实现的商业变革

高度垄断的控制权并没有为创新的发展带来阻碍，反而能够为新的商业模式带来有保障的市场环境，鼓励企业开创新的赢利模式。

5.4.3.1　开放源代码

以计算机软件为例，从行业的发展初期一直到21世纪初，软件的源代码还是软件公司的最核心的知识产权，然而随着技术的发展，能够达到同一功能或效果的软件不再局限于对软件源代码的窥探，通过自行开发软件成本大大降低。在过去的几年里，新型主流软件公司改变了它们对软件源代码的保护策略。对于苹果公司而言，开放源代码不仅没有造成对其软件的侵害，反而缩短了程序员们开发的周期，激发了他们的创作灵感。

信息技术和代码自身已不再是推动经济活动的主要力量。人们感兴趣的是思想和知识，而不是信息；人们感兴趣的是经验，而不仅是连续性。[1]在20世纪80年代，计算机企业大多尽量拉紧神秘的面纱，大声疾呼加强立法来对付盗版与黑客，然而短短20年过去了，最赚钱的软件设计公司正在开放它们的源代码，支持用户自己下载使用，自行开发软件平台上的功能。

开放源代码最初的意思是将计算机程序的编码公开，使所有用户能够看到并利用其开发新的软件。[2]开放源代码是一种设计特点，它使尽可能多的人参与互联网，并使互联网得到迅猛发

---

[1] 约翰·哈特利. 创意产业读本［M］. 曹书乐，包建女，李慧，译. 北京：清华大学出版社，2007：15.

[2] 维基百科“开放源代码”“Open Source”［EB/OL］. http：//zh. wikipedia. org/zh－cn/开放源码。

展。对一些人来说，开放源代码是一种技术手段；对另一些人来说，它是一个爱好；对许多人来说，它是一个社会运动，是经济发展与社会发展的蓝图。[1]创意的出现需要一定空间的“自由使用”，拥有一项著作权可以增值、激励创意的推广，给权利人以回报和刺激，但它同时也限制了别人对创意的使用。在新经济模式发展到一定阶段的时候，各方的利益分配将会达到一个趋于平衡的状态，事实上，制度的设计往往是对最终利益平衡的状态进行确认。开放源代码的做法实际上是一种对现行著作权制度的突破，即权利人放弃一部分利益，通过开放源头的方式吸引更多的主体加入到创新中来，最终实现获益。如果新的经济是关于想象、知识和创意的，那么，发展的新框架会应运而生。[2]合理性设计将影响这一新经济模式中各方利益的平衡。

计算机软件企业开放源代码的行为，不仅是一个迅速吸引用户、降低后期开发成本的商业行为，而且是对现行知识产权制度的一种挑战。

事实上，自媒体时代就是在一个开放新出版的环境下应运而生的，许多网络使用者在文学网站上上传自己的作品，并和其他使用者一同分享他人的作品，很多时候阅读或者下载一些作品是免费的，尽管使用者需要支付最基本的上网费用。

5.4.3.2　传统商业模式的新应用

严格意义上讲，与权利人分享收益并不是新生事物，从确立知识产权制度起，作品资源的传播者就在同作者一起分享收益了，然而在数字时代中，这种为了促成市场交易，扩大财富，实现收益的新手段是伴随着技术诞生的。

比如，苹果公司的成功就是一个典型的例子。苹果公司的iPod在2001年推出以来，苹果公司的股票估值增加了7倍，这

---

[1] 约翰·哈特利. 创意产业读本［M］. 曹书乐，包建女，李慧，译. 北京：清华大学出版社，2007：36.

[2] 约翰·哈特利. 创意产业读本［M］. 曹书乐，包建女，李慧，译. 北京：清华大学出版社，2007：40.

部分增值直接源于iPod的成功，它不仅是一个硬件设备的成功，不仅是一个MP3播放器的市场占有量的成功，它的成功更多来自于它的商业模式，苹果公司与权利人共同分享销售收益，使更多的用户能够以相对低廉的价格使用权利作品。MP3播放器的热潮同时也催生了新的配套市场，根据2006年的数据，MP3播放器配件市场超过两亿美元，新的商业模式与配套产品越来越依赖于一个有效的法治环境。以音乐作品的销量为例，以物理单位计算的每年发行的主要唱片，从2001年到2006年的129亿美元迅速下降到2008年的9亿美元。尽管客观上可能难以确定，但这一收入的迅速下降的部分原因可以归结为私人复制中，用户开始使用iPod来获得并欣赏音乐，但是在这一类电子存储器当中，通过合法下载的作品最初仅占很少一部分，它导致了各种盗版现象的发生，但是在近几年各国法律的积极改革过程中，数字作品的权利逐渐获得了有效的保障。另外，苹果公司的经营模式带来了更多新的经济活动的形式，它的成功直接导致了苹果公司将iTunes业务不断壮大的决心，这一决策也带给了这家企业以最大限度的回报。这种经营模式从音乐的分享，扩展到了应用软件的分享上，从音乐存储器扩展到手机和平板电脑的应用中，满足更多的用户随时随地产生的各种需求。

我们必须承认，任何一个良好的商业模式之所以获得成功，都离不开健康运行的法治环境。在我国传统的知识产权保护领域内，依然存在很多的问题，这就为实现数字化环境中的知识产权保护带来了更多的挑战。数字经济飞速发展的近十年，国内许多互联网企业依然没有找到依托提供受保护的权利作品而直接盈利的商业模式，这主要在于较为恶劣的知识产权法治环境，这一现状取决于从立法、司法、执法到法律意识等诸多方面的因素，有必要从立法环节开始进一步夯实能够适应数字技术环境的法律体系。

5.4.4 利用公法体系建立“合理使用”福利制度

合理使用原则为经济创新提供了空间，它鼓励投资和创造新市场的科技公司。但是，是否应该将公平使用适当视为一种国家的创新政策？权利人是非常有可能反对的，是否应当设计一个补偿机制，为希望创新的公司或个人能够合法地从版权所有者那里获取授权来提供空间。

(1) 以行政法的形式制定强制许可制度

著作权强制许可是指在特定的条件下，由著作权主管机关根据情况，将对已经发表的作品进行某种使用的权利授予申请获得此项使用权的人的法律制度。由于其公法性质的介入，著者认为，针对由行政机关干预决定的制度，应当独立于著作权的体系之外，旨在保障公众利益，参照国外现行著作权法中有关对弱势群体获取受保护作品的规定，如针对视觉障碍者获取知识而得以将权利作品进行翻译的情形；为维护和保障少数民族文化权利，将一些作品进行翻译的情形（但应当负担一个较低标准的付酬义务，且该费用应当由少数民族语言使用区域的国家财政支付）。

(2) 对权利人不断扩大的经济收益征收额外的税

法律作出调整旨在平衡不断变化中的各方的利益，在严格的权利限制的立法及司法适用的条件下，权利人在扩大垄断权利的范围、得到经济回报的同时，对其征收一部分的税用于建立国家对公众实施免费使用时的补贴；同时一项附加的收益税可能导致权利人通过免费提供作品的方式而免税，实践已然证明，主动放弃权利，分享知识资源同样可以获取更多其他方面的利益。对于公众而言，相比免费获取权利人的授权比通过难以实现的合理使用的方式获取知识要容易得多。

(3) 将权利收益税收用于保障公众免费使用受保护资源的补充

国家需要建立一种以知识资源为对象的福利制度，既对使用者而言免费又对权利人有经济保障，比如，大多数国家在建立公共图书馆时都给予资助，也确保图书馆能够免费向公众开放。目前，由于数字图书馆的著作权授权成本越来越高，政府对于持续获取权利人的授权而显得捉襟见肘，利用著作权权利收益税收支付数字国家图书馆的建立，可以免费向公众提供资源服务，是一项有助于科学文化发展的社会福利，由国家财政担负的数字图书馆因公共资源中被免费使用的电子资源而向权利人支付的授权费用，这一费用应当以法定许可的标准为限。

（4）完善鼓励创新的补贴机制

为鼓励一部分的创新行为，同时创作者不至于过分受到权利人的影响而通过合法途径获得作品进行创作的，应当建立一种补贴机制，如效仿德国在扶植其国内电影事业发展而制定的法律中就有相应的国家补贴条款。使用者可以申请国家补贴为其创新行为买单，一旦该著作获得成功并实现商业价值，则应当有一个归还相应补贴的机制。

目前我国已经建立了一定的创新激励补贴政策，如各省市的出版补贴项目、国家出版基金资助项目等，其中，国家出版基金设立于2007年，运行10多年来，出版基金通过出版社推动了一部分资助书籍的数字化传播，特别是对一些影响科学教育发展的书籍给予资助。然而，这一类资助是以协助出版为主，还缺少对已出版作品在传播环节的补贴，在法定许可使用的框架内，将与教育、科学技术发展等公共利益相关的作品给予补贴，有助于促进科学教育的发展。

第6章

法定许可制度中著作权集体管理制度的完善

6.1 著作权集体管理制度的概念

著作权集体管理组织的本质是基于著作权利人的意思自治，为数众多的权利人，根据集体管理组织自行制定的约定选择加入与否，更可以选择加入不同的组织。

著作权实现经济利益的重要途径是著作权的集体管理制度。著作权的集体管理制度是指著作权人由于客观原因，在很多情况下无法实现对他人就作品的使用实现收益而委托某一组织统一行使著作权。这一制度最初诞生于法国，1777 年由戏剧家博马舍创立，该组织最初的名称为法国戏剧作者和作曲者协会。著作权属于私权属性，著作权的集体管理制度与信托关系有相似之处，是一种较为特殊的管理财产的制度。在著作权集体管理制度中，著作权利人将作品的权利委托给了集体管理组织代为行使，集体管理组织则是以著作权利人的名义行使作品权利，并且该社会团体的本质是一个非营利性的组织。

自 1847 年法国作曲家厄内斯特·布尔热状告巴黎咖啡馆公开使用其音乐当作背景音乐胜诉之日起，著作权集体管理制度才在世界各国普遍采用，也就是说，公共场所使用背景音乐适用著作权集体管理可以说是著作权集体管理法律制度产生的源头和基础。[1]

随着社会大众对文化产品需求的增长以及数字网络技术的

[1] 中国音乐著作权协会关于《著作权法》（修改草案第二稿）的修改意见［EB/OL］. http：//www. mcsc. com. cn/informationSociety. php？ partid = 13&pid = 1038.

普及，现实生活中已经出现了海量的作品使用行为。同时，创作者数量的上升，著作权频繁、广泛的流转也使得著作权的权属复杂化、分散化。在此种状况下，作品的使用者难以迅速、准确地定位其需要使用的作品的权利人，即使能够确定权利人，也难以就海量的作品与各权利人一一磋商并签订许可协议。过高的交易成本使作品使用者与权利人之间难以实现有效的对接与合作，使用者处于“要么不用，要么侵权”的尴尬境地。广播电视组织、网站等大众传媒机构面临着竞争激烈的市场环境与技术、商业模式变革的大潮，不可能墨守成规、作茧自缚，而必然融入未经授权而使用作品的洪流之中。此种现象即使著作权及其相关权利（以下简称“著作权”）难以获得有效保护，也令作品的使用者面临着巨大的法律风险，并损害法律制度的权威。

建立科学合理的著作权集体管理制度是破解这一难题的有效对策。集体管理制度通过创设集约化的著作权交易平台，让使用者能够高效地明确作品权属并获得许可，免除被追究法律责任的后顾之忧，也让权利人借助集体管理组织的信息搜集能力和谈判能力实现自身的获酬权（尤其是对作品海外使用的获酬权），同时使作者从烦琐的许可事务中解脱，得以专心于创作。总之，著作权集体管理制度能够使广泛、大量、重复作品使用摆脱“点对点”专有授权的困境，有效降低交易成本，促进著作权的保护与流转，兼顾权利人、使用者、社会公众的利益，著作权集体管理制度的运行效果很大程度上是一国著作权法制发展水平的标志。

作为一种确保权利人获取报酬的制度，著作权集体管理制度发展至今发挥了重要作用。

诚然，作为著作权人与使用者交易过程中存在的一方中介组织，集体管理组织必然产生相应的社会成本。在交易当事人能够通过其自身能力完成市场交易时，供需关系足以促使交易双方找到市场平衡的价值点，此时赋予权利人完全的定价地位，并适用禁止权型的规制。作为交易过程中的第三方，著作权集体管理组织的存在并不影响上述这种完全由市场决定的交易，它的作用主要体现在以下三个方面：

第一，“当采用该制度产生了由当事人以外的第三人受益的外部型经济因素时，这种利用行为不仅会得到广泛认可，而且也会产生通过报酬请求权的方式以确保对成果开发者激励的必要性。”❶如我国著作权法在 2001 年修改时新增第 23 条之规定。❷

第二，避免权利人利用其禁止权的垄断地位制定过高的交易价格而最终导致的交易失败的发生。

第三，避免绝对的禁止权带来的对个人使用自由的限制，客观上使得可用于创新的资源大大减少，不利于知识产权制度鼓励创新的核心价值。

---

❶ 田村善之．日本知识产权法［M］．周超，李雨峰，李希同，译．北京：知识产权出版社，2011：21.

❷ 日本著作权法第 33 条第 1 款规定：出于学校教育目的在认定的必要限度内，可在教材书（指经文部大臣的审定或以文部省的著作名义发表的小学、中学或高等学校以及与此同类的学校中供教育儿童或学生用的图书）上登载已发表的著作物。第 2 款规定：根据前款的规定，要在教科用书上刊载著作物的人，需在将此意通知著作权人的同时，对本款规定的宗旨、著作物的种类与用途、通常的使用费数额及其他事项加以综合考虑，按文化厅长官每年规定的数额向该著作权所有者支付补偿金。第 3 款规定：文化厅长官作出前款规定的补偿金数额的规定后，以官报公布这一规定。第 4 款规定：前三款的规定适用于高等学校的函授教学用书和与第一款中规定的教科书有关的教师辅导书（限于与该教科书的发行有关的范围）。德国著作权法第 46 条规定：（1）著作的部分内容或小篇幅的语言著作、音乐著作、单独的美术著作或单独的摄影著作在出版之后被用到汇编物中的或将数人著作汇编成册并且根据上述著作物的特性只为教堂、学校或者教学使用的，允许复制和发行这类汇编物。必须在该汇编物的标题页或相应位置明确标明其用途。（2）第（1）款适用于为一般学校音乐教学而使用音乐著作的汇编物，音乐学校除外。（3）只有将使用第（1）款权利的意图以挂号信的方式通知著作人或在其住址、居住地不明的情况下通知专有用益权所有人并且自信发出两个星期以后才得开始复制。专有用益权所有人的住址或居住地不明确的，可在联邦公报上发表通知。（4）对于复制和发行应付给著作人适当的报酬。（5）著作不再符合著作人的信念而且著作人不愿继续使用著作并基于此原因已收回现有的用益权的，著作人可禁止复制与发行。

6.2 我国著作权集体管理制度现状

在我国，知识产权制度的任何一个领域都没能摆脱政府自上而下的制度设置的影子，著作权集体管理组织的成立也并不能够纯粹地依靠权利人的意思自治而成立，国家版权局严格控制著作权集体管理组织的成立，对集体管理组织内部的章程拥有主导性的干预权力，甚至对作品使用的对价进行干预。这与我国的知识产权制度的外来历史有关，多年来为了适应国际条约，在协会成立之前，国家版权局就曾命令禁止任何未经过其批准的单位或个人从事著作权集体管理的活动，即禁止拥有音乐著作权的唱片公司或权利个人自行联合维护著作权利人的经济利益。这样的行政管理措施表面上看起来是依照我国现行法律的规定而作出的，而事实上，这样的立法理念恰恰是对最基础的“著作权私权性质”的一种否定，法律授予了政府过界的权力，以不合理的方式而制定的法律制度，对著作权利人而言是实实在在的恶法。国家通过行政行为批准制承认著作权集体管理组织的合法性，客观上限制了著作权人可以通过多种方式、选择不同途径实现著作权利益。任何非营利性组织都是公民自愿结社的结果，国家行政机关应当尊重宪法赋予的公民结社权，中国现阶段正处在一个社会转型的时期，正在经历从一个以政府为主导的社会逐渐向基于社会自发组织的多元化秩序转变的过程，在著作权法再次面临修改的时机，应当将著作权集体管理组织这一制度明确写进著作权法中，并将对该组织的合法地位的认定由行政机关批准制向备案登记制过渡。

当前，中国面临着著作权授权机制和交易规则不畅的严重问题，因此著作权集体管理制度的建设显得尤为重要。目前，中国针对不同的作品类型，共设立了5家著作权集体管理组织。中国音乐著作权协会成立于1992年12月17日，是目前中国唯一的音乐著作权集体管理组织，旨在维护作曲者、作词者和其他音乐著作权人合法权益。中国音像著作权集体管理协会成立于2008年5月28日，是中国唯一音像集体管理组织，依法对音像节目的著作权以及与著作权有关的权利实施集体管理。中国文字著作权协会成立于2008年10月24日，是以维护著作权人合法权益为宗旨，从事著作权服务、保护和管理的非营利性社会团体，是中国唯一的文字作品著作权集体管理机构。中国电影著作权协会是全中国合法从事电影生产、经营的企业法人自愿组成的具有法人资格的非营利性社会团体，是中国电影作品权利人唯一的著作权集体管理组织。中国电影著作权协会的前身是2005年8月成立的中国电影版权保护协会。2009年7月，中国电影版权保护协会由行业维权组织转变为著作权集体管理组织，2009年10月正式更名为中国电影著作权协会。中国摄影著作权协会成立于2008年11月21日，是由中国摄影家协会联合众多摄影团体和一百余位著名摄影家共同发起成立的著作权集体管理组织，是国内唯一从事摄影著作权集体管理的社团法人机构。

上述著作权集体管理组织自成立以来在促进著作权的保护和作品的传播、使用方面发挥了重要的积极作用。然而，我国集体管理组织成立时间较短，缺乏足够的运作经验，在业务模式、管理规范、专业人才等方面尚待提升，权利人、使用人对集体管理组织的性质、作用认识也存在不足和偏颇，社会公众知识产权意识较为薄弱，这些情况使得我国著作权集体管理组织面临着会员数量有限，代表性不强，受认可度不高，使用费难以收取等突出问题。

6.2.1　延伸集体管理制度

《著作权法》第三次修改草案新增的“延伸集体管理制度”已经成为社会各界热议的问题。修改草案第一稿中增加了对著作权延伸性集体管理的规定，此规定使得权利人无法再通过诉讼对那些已向集体管理组织支付了使用费的使用者主张损害赔偿，受到诸多权利人的质疑。修改草案第二稿仍然保留了延伸集体管理的相关规定，但限制了延伸性集体管理的适用范围并细化和补充了对集体管理组织的监管规则。这一变化体现出“强化权利专有、弱化权利限制”的趋势。然而法律界、产业界对延伸集体管理制度的质疑仍然存在。有人认为集体管理组织的权利来源只能源于权利人授权，不应该增加“法律规定”的情形，理由在于著作权是私权，能否授权集体管理组织行使应由权利人自己决定，而不是法律直接规定。

实际上，以法律的授权直接规定集体管理组织可以管理的权利不是中国的发明，在世界上有不少国家已经设立了该制度。欧盟关于卫星广播及电缆广播有关的版权及邻接权指令规定有线广播使用作品采取强制集体管理制度，而无线广播则实行延伸集体管理制度。德国集体管理组织法规定，权利人未向集体管理组织转让著作权法第 20 条 d 第一款第 1 句规定的有线转播权的，视为集体管理组织有权管理该权利。法国知识产权法典第 217 - 2 条规定，“自 1997 年 3 月 27 日 97 - 283 号法律生效之日起，在本法典有规定时，对自欧洲共同体成员远距离传送的表演艺术者的表演、录音制品、录像制品进行有线、同步、完整及不加变动转播的权利，仅由一个报酬收取及分配协会行使。”英国著作权法第 144A 条规定：（1）本条适用于文字、戏剧、音乐或艺术作品、录音制品、电影版权所有人准予或拒绝授权另一欧洲经济区国家有线再传输包含其作品的无线广播的权利，此权利在下文中称为“有线再传输权”。（2）有线再传输权仅能通过认可机构向有线运营商主张。（3）若版权所有人未将其有线再传输权将交由认可机构管理，管理相同类型权利的认可机构应被认为已被委托管理他的权利。意大利著作权法第 180 条规定：①通过电缆转播的排他性权利只能由著作权人及与著作权有关的权利人通过意大利作者和出版者协会行使。在与相关权利的表演者和演奏者救济团体或者其他为管理相关权利而设立的集体管理组织基础上，意大利作者和出版者协会行使与著作权有关的权利人的权利。②上述管理组织亦可以按照与其成员同样的标准为并非其成员但属于该组织涉及领域内的权利人提供服务。可见，延伸集体管理制度有充分的立法例依据。

著者认为延伸集体管理是简化传统集体管理模式的途径，是确保权利人更好地管理其权利的现代化机制，能够有效地解除使用者的原罪状态，让权利人得到公平的报酬。但也应当注意到，该机制的有效运行有赖于成熟的法治环境和相关配套机制的支持，并且该机制的适用有严格的条件❶。因此，在立法者做出决策之前，仍有必要进一步考察已采用延伸集体管理机制的国家或地区如何限定该机制的适用条件和范围，为该机制的运行制定了哪些相应的保障措施，实际运行效果如何，然后结合中国在著作权保护、流转领域的现实情况和需求来估量建立延伸集体管理机制的必要性与可行性、成本与效益。

以音乐作品为例，因为音乐作品的使用状况呈现出权利人数量多、权利分散、使用者相对集中、使用量大、使用范围广等特征。市场实践已经证明，音乐作品的广播权、表演权和信息网络传播权等权利适宜通过著作权集体管理制度来实现。按照国际作者和作曲者协会联合会（CISAC）2014 年报❷中的统计数据，全球著作权集体管理组织针对各类使用者收取的 78 亿欧元的作品使用费中有 87% 属于音乐作品的使用费，这也验证了著作权集体管制度在音乐作品的保护与使用中的特殊价值。值得注意的是，中国集体管理组织在应对大众传媒海量使用音乐作品过程中确权难、授权难、收费难等问题，探索出一套“一揽子许可 + 侵权责任债务担保”的运营模式。这一模式大概是指：集体管理组织与作为音乐作品使用方的广播电视组织、互联网企业等机构签

---

❶ 例如英国版权和表演者权《延伸性集体许可》2014 年条例对延伸集体管理的适用规定了较为严格的限制：延伸性集体许可实行严格的申请审批制度；规定了较为广泛的可延伸许可使用的范围；集体许可组织必须按该延伸性许可使用方案的规定许可他人使用，且不得将获得的批准转让；对延伸性集体许可的批准可以被国务大臣撤销；著作权人有权退出延伸性集体许可，排除或者限制许可证的授予；延伸性集体许可只能是非排他的许可。

❷ 引自国际作者和作曲者协会联合会（CISAC）2014 年年报数据。

署“一揽子协议”，使用方将其使用的全部音乐作品的使用费支付给集体管理组织，由集体管理组织根据音乐作品使用报告向著作权人（不论是否属于其会员）转付使用费。如果不属于其会员的权利人向使用方主张权利并导致使用方承担法律责任，由集体管理组织为使用方因此而承担的债务提供担保。[1] 此种运营模式的本质是通过协议开展事实上的“延伸管理”，能够有效降低大众传媒由于难以对其使用的海量音乐作品一一获得授权而面临的巨大法律风险，而且集体管理组织比著作权人个体或版权代理公司具有更强的谈判能力和信息获取能力，能够更好地维护权利人的获酬权。立法者有必要关注此种市场实践中自发形成的“原生规则”，并对该运营模式的实际效用、利益相关方正反两方面的态度、各参与方的法律地位及其行为的法律性质加以考察，为著作权集体管理制度的设计提供本土经验资源。

6.2.2 许可费率

权利人会不会在有能力替代中间商的垄断地位之时，滥用自己的绝对权的地位呢？著者认为，这是一个可以通过市场自由竞争达到优胜劣汰的问题。而在数字传播方式普及的今天，法律应该关注法定许可情形下的费率和赔偿的问题。以著作权集体管理制度为例，根据我国《著作权集体管理条例》的规定，著作权集体管理组织自身制定相关许可标准，并由国务院著作权管理部门公示上述标准。各著作权集体管理协会通常会针对业务范围内某一合理许可使用需求较为集中的领域设定专门的收费标准（包括费率和计算单位）。在合理许可费计算单位上，一般文字作品以字，音乐作品以首、使用时长和场地面积，美术作品、摄影作

[1] 中国音乐著作权协会自2010年9月分别与中国中央电视台、中央人民广播电台和中国国际广播电台以及全国30多家省级电视台分别签署了音乐作品广播权“一揽子”使用付酬协议，目前中国音乐著作权协会正按照此“一揽子”模式面向全国地方广播电视组织进一步拓展使用费收取业务。同时，中国音乐著作权协会正在与国内著名的主流互联网企业逐步建立基于“一揽子”协议的音乐作品付费模式。

品以幅，诗词以行为单位计算。但是各行业协会可以针对本行业某一合理许可使用需求较为集中的领域设定专门的收费标准（包括费率和计算单位）。从目前的数据来看，我国著作权集体管理组织收取的许可使用费虽然呈现连年增长的态势，但是相较我国文化产业的体量和活跃程度，许可标准的执行能力和效率仍然有很大的提升空间。

在英国，著作权集体管理组织有权利制定本行业内的许可标准，通过某种方式公布后即严格遵照执行，具有强制效力，在许可标准的制定方法上，英国同样主要采用经济学方法，对著作权的单位价值进行衡量，并根据业务范围的特点设定了各类相对便于操作的许可费率和计算单位，与我国不同的是，英国在许可标准的制定方法上更加科学细致。以英国音乐作品许可费计算单位的确定为例，英国著作权集体管理组织实践中并不以数字为单位，因为这需要很好的数据支持，而是按照地点计算。例如，英国录音制品有限公司（PPL）是世界最强大的著作权集体管理组织之一，每年替权利人收到的著作权使用费用高达 17080 万英镑，著作权所有人会员超过 1 万人，每个月的注册会员数超过 300 人。这主要得益于两个方面，一方面 PPL 拥有强大且全面的著作权库；另一方面 PPL 注重迎合消费者的使用需求和习惯，在设定许可标准时注重平衡著作权各方利益。PPL 设定许可标准时以消费者的使用需求为基准，并以此为基础进一步划分不同的使用需求，以形成不同的许可费用。这样一套能够反复使用且在大部分情况下仅需网上提供信息，即可自动生成许可费用，并完成缴费的程序大大便利了消费者获得使用许可需求的实现，同时，透明、明确的许可标准也使得消费者能够预见自己的获权成本，使权利能够预见自己的可得利益，双方都能够在享受著作权集体管理便利的同时对著作权集体管理的工作进行外部监督，也在一定程度上保障了著作权集体管理制度的健康、顺利运行。

当前我国的司法实践认为，侵犯著作权诉讼的目的并不在于解决有关许可费率或者许可标准相关的纠纷，但由于在计算侵权赔偿数额时会在一定程度上参考著作权集体管理组织现有的许可标准，因此我们可以通过分析我国法院现行对侵权赔偿数额的计算方法，窥见我国著作权集体管理许可标准存在的不足，同时也为该标准的建立、完善提供有益的借鉴。

我国应当注重许可标准制定过程中的利益平衡和程序公正，建立制定过程中的监督救济规则。如果规则在制定中没有经过规则利益各方的博弈，那么，这一规则的公正性则是值得质疑的。因此，在许可标准的制定程序中应当设定征求被许可人代表意见这一重要环节，只有得到各方一致认可度的许可标准方可通过执行。如果著作权集体管理组织与被许可人代表无法就许可标准达成一致则许可标准无法通过执行，此时制定过程如果陷入僵局，对各方当事人利益和行业健康发展均会产生不利影响。因此，制定程序的公正性和制定过程中的监督救济规则则显得十分重要，这时，则需要由相关政府部门对该问题进行相应的监督和指导，一方面监督保障许可标准的制定过程公平、公正，一方面保障许可标准的顺利实施。

第7章

代码即法律[1]

7.1 数字技术重塑经济行为

2015年，通过使用区块链技术，格莱美奖获得者、英国女歌手和词曲作者伊莫金·希普（Imogen Heap）使用直接利用电子钱包来接受数字货币以太坊的方式，将她MP3格式的音乐作品售卖给使用者。她对使用行为进行了性质上的区分并设定了与之相对应的价格，对于一个个体消费者而言，无论是在线收听还是永久下载，他们都只需要支付很小的金额；同时，在商业性使用行为上，音乐作品的售价则远高于个人使用的价格。[2] 通过这种智能合约的设置，权利人无需再就那些商业性使用而单独签订复杂的授权使用协议。希普认为，音乐产业需要变革，区块链技术的使用将改变音乐产业的格局、帮助创作者实现利益最大化。[3]

---

[1] 美国斯坦福大学教授劳伦斯·莱斯格提及这一观点时认为：网络空间中的行为规范是由法律、社会规范、市场和代码共同构建起来的，基于代码的软件或协议决定了人们利用互联网的方式。代码是互联网体系的基石，它有能力通过技术手段规范个人行为。

[2] 2015年在英国成立的区块链公司（Ujo Music）为音乐家们提供了一个发布和管理自己音乐作品的平台，通过技术支持实现音乐版权的管理、收益以及收益自动分配等环节。Imogen Heap将其单曲《Tiny Human》发布在这个平台上，其中下载该作品的价格是0.6美元，在线收听则是0.006美元，用于商业性使用的价格是1500美元。

[3] WIPO全球数字内容市场会议［EB/OL］.（2016－04－20）［2018－05－30］. http：//www. wipo. int/meetings/zh/2016/global_ digital_ conference. html.

作为市场交易的商事主体，无论是企业还是个人，其经济行为通常是基于对成本的核算而做出的。网络环境下的经济行为的范围更广、形式更为多样，在这种便于交易的环境里，个人很容易扮演生产、推广和销售等不同角色，独立完成价值链上的多重职能。正如前文中所提到的歌手希普一样，当权利人能够独自完成交易，并且能够将其音乐作品的流通和使用所产生的回报最大化又不再需要其他中间商的时候，他们就会将所有的权利紧紧握在手中，这也为权利人带来了更为强势的决定权，更高的议价能力和更为绝对的垄断地位。这种新的行为准则是在法律与技术的互动中逐渐形成的一套新的价值体系。

互联网技术从最初的自由、分散的模式，正在逐渐形成垄断的形态。技术先驱们最初总是从尊重人权的角度去挖掘新的技术方向，出发点可能是尊重个人隐私，也可能是尊重和保障人可以获得知识的基本权利等。互联网也曾经在“匿名”“自由”这样的环境中滋养了盗版产业。如今，技术正在通过其本身的更迭来解决它们带来的诸多问题，使得这个漏洞得以逐渐弥补，但更多的还是需要依靠法律手段来保障各方利益。未来，互联网上的诚实信用可能通过区块链技术来实现。

区块链技术是一种计算机技术的新型应用的模式，脱胎于比特网络运行的底层技术，其本质上是一个数据库，它拥有以下几个核心特征：去中心化（Decentralized）、去信任（Trustless）、集体维护（Collectively maintain）、可靠数据库（Reliable Database）、时间戳（Time stamp）、非对称加密（Asymmetric Cryptography）等。

去中心化可以使每个人成为无需依赖中介或平台的独立个体，使他们有机会仅根据自己计算机中的一串字符来完成交易；去信任意味着交易本身不需要一个已被守信的信用机构对其进行背书，而交易仍然可以准确无误地完成，种种存在于交易双方的信任关系是选择这一交易方式之前，参与主体之间已经达成的一种共识，并成为一种机制；集体维护是指按照“少数服从多数”

以及“人人平等”等概念，由网络中的所有节点参与和维护区块链得以正常运行的方式；可靠数据库是指区块链技术所设计的，因为引入时间戳，使得每一笔交易都具有与发生时间一一对应的不可修改的交易信息；非对称加密则具体是指实现区块链正常运转的一种规则设计或称之为算法；不可篡改的时间戳可解决数据追踪与信息防伪问题；安全的信任机制则解决了信任缺失的问题。

纵观互联网技术近几十年来的发展，知识的广泛传播一直都是网络经济中最先发展繁荣的客体，知识产权更天然地适用于数字化的流通，其中的著作权是传播的核心，音乐作品在使用中的复杂性以及作品权利人在技术冲击下的获取报酬问题更是经久不衰，因此，区块链技术的发展和成熟将为整个音乐产业的变革起到深远的影响，[1] 区块链特性将成为解决音乐著作权因利益分配而出现市场失灵问题的最佳解决方案，

7.2　分布式存储保障权利

传统网络存储系统通常采用将数据集中存放在存储服务器上的方式来实现对数据的保存，如今，云存储的商业服务模式已经非常普遍，其最大的特点是存储即服务，用户可以通过存储服务商提供的程序直接将自己的数据上传至云端保存，但是由于这种模式使用户丧失了对其数据的绝对控制权，这也带来了一定的安全隐患。[2]

（1）内容可控

存储区块链化之后，数字资产可以完全被计算机控制，在现

---

[1] Olusegun Ogundeji. Blockchain Going for a Song：New Tech Tunes Up Music Industry [EB/OL]. [2016-05-22].

https：//cointelegraph. com/news/blockchain-going-for-a-song-new-tech-tunes-up-music-industry.

[2] 傅颖欣，罗圣美，舒继武．安全云存储系统于关键技术综述［J］．计算机研究与发展，2013（50）．

有技术之下，无需受人为因素影响。每个人都可以拥有自己的专属的密钥来加密自己的数字资产，可以从根本上解决数据被盗问题和隐私问题。从消费者的角度来看，可能要做的只是从以往的获取作品的权利等传统的方式或大众平台，向新的方式或者是不同平台选择的问题，然而，对艺术家们来说，可以从根本上改变以往对其作品的控制状态，他们可以自主定价，并控制使用者对其内容的使用和付费方式等问题。

(2) 资源共享

存储的区块链化让共享闲置磁盘资源成为可能。基于激励机制的存储设计，将鼓励拥有闲置存储资源的使用者，可以在无须取得用户信任的情况下，为存储网络提供服务，从而大大降低了存储服务的成本，节约了社会资源。这实质上是一种分享经济的理念和实践，即将闲置资源通过互联网平台实现资源再利用，同时，加密措施本身避免了存储服务器提供商获得个人的数据资源，大大减少了盗版的可能性，服务器提供商也不再需要避风港原则这样的制度。

(3) 侵权可溯

通过时间戳技术，区块链实现了账本不可篡改的功能，每笔交易记录可追溯并且公开可查，无疑是“为盗版使用者挖掘了一个暴露侵权行为，夯实侵权证据的坟墓”。因此，可以毫不夸张地说，区块链技术带来了“天下无贼”的环境，区块链运行规则直接替代了法律制度的功能。

7.3 智能合约保证公平交易

在全球范围内，各国纷纷因数字技术的冲击对法律进行了修订，但是在实践中，著作权交易的环节非常多，整个系统十分复杂，新技术造就了全新的作品形式，更成就了许多新的行为和生活方式，但是很多权利人并没有在靓丽的销售数字中获取相应的回报。信息技术的发展推动了许多行业的变迁，使得商业模式被重塑，利益分配方式被重构，法律规则也在这个过程中不断进行着纠偏的尝试。越是混乱的、复杂的、环节繁多的、涉及金额不大的交易，就越需要一套简单高效的机制来保障其顺利完成，数字技术是目前解决这一难题的最佳方案。在相对滞后的法律作出调整之前，区块链技术环境下的智能合约在很大程度上直接给出了一种保证交易顺利完成的机制。

智能合约的概念最初由学者尼克·萨博（Nick Szabo）提出来的，意指："一套以数字形式定义的承诺（promises），包括合约参与方可以在上面执行这些承诺的协议。"❶ 即一种通过信息化方式来完成交换、验证或履行约定的计算机协议，其最大的特点就是无需依靠可信第三方的背书，即可自动完成，不可反悔。数据在加密的同时，可以被智能合约这样的区块链代码控制，区别于传统互联网的区块链技术拥有自己订立规则和自动实施规则的能力，区块链技术可以通过技术方法落实契约原则，解决信任问题，在完成交易的同时，也体现了社区的共识，建立了信任关系，交易双方的权利义务都得到了充分的实现。

智能合约的发起，是以区块链存储的数据资源为交易标的的，权利人可以就某一数字资产制定自己的收费规则，并且为每次使用权的变更制定不同参与方和利润分配。这些操作通过结合智能合约，去中心化地由分布在全世界的网络存储器来见证，并将交易记录通过区块链的方式记录在区块链上。利用区块链交易记录公开透明可查、无法篡改的特性，即明确了资产的所有权，又通过区块链记账实现数字资产所有权转移和使用权变更，同时也杜绝了数字资产被盗版传播的可能性。基于区块链账号的代码体系，每人对自己的每一份数字资产都有独有的加密秘钥，在发生所有权或者使用权变化时，关于该数据的加密方式便为所有者对数据的所有权加密和使用者对数据使用权的加密结合的双重加密。即使数据被缓存在本地并且传播给其他人使用时，使用者必

---

❶ Thomas Bocek. Digital Marketplaces Unleashed [M]. Springer - Verlag GmbH, 2017：169 - 184.

须按照智能合约的约定支付对价给资产所有者，才有权使用该加密数据资产。

7.4 结语

法律制度每一次细微的调整，都可能是一个在为技术漏洞做修补的过程，以期重新使权利人与公众之间的利益分配达到平衡。然而技术所带来的利益冲突，最终也将需要通过技术自身的进步来解决。在冗长的修法过程中，技术本身的迭代总是给我们带来惊喜，轻易地就解决了“旧世界”中的疑难问题。因此，以技术发展引领经济增长的现代社会，法律制度应当尊重技术发展的规律，尤其是在知识产权制度框架内，在制度设计上尊重私权与公众利益的平衡。通过对限制合理使用的界限、扩大法定许可的范围以及完善著作权集体管理三大制度的调整，面对当今我国互联网的经济环境，法律将呈现出一副更加威严的面孔，以震慑那些违法行为。区块链技术将可以在技术上支持权利人以一种前所未有的方式垄断他们的作品，著者认为这一技术的广泛应用是必然趋势。同时，为保证使用者的利益，对权利限制制度的研究将伴随着权利人的垄断地位的提升而变得越来越重要。

与很多发达国家经历平缓的社会、经济和文化的演变之路相比，中国社会正经历着一种巨变，然而这种巨变依然花去了我们将近100年的时间。我国的著作权法，正在从一部“枪口下的法律”向一部真正由本国经济因素驱动的自觉自省的法而转变，在这个蜕变的过程中，从立法到司法实践都经历了无数坎坷，也饱受世人的批评，我国著作权法的重新定位不仅影响着千千万万权利人和公众的利益，也挪动了平衡利益的砝码，它将对中华民族的传统文化以及意识形态发挥不可估量的作用。立法者的历史重任在于如何选择一个价值取向，如何确定这部法律在社会发展史中的地位，使它能够在可能并不算长的未来5年到10年适应技术日新月异带来的挑战。

参 考 文 献

中文文献

[1] 马克思恩格斯全集（第1卷）[M]. 中共中央马克思、恩格斯、列宁、斯大林著作编译局，译. 北京：人民出版社，1972.

[2] 齐良冀. 康德的知识学 [M]. 北京：商务印书馆，2000.

[3] 周昌忠. 西方科学的文化精神 [M]. 上海：上海人民出版社，1995.

[4] 殷国明. 艺术形式不仅仅是形式 [M]. 杭州：浙江文艺出版社，1988.

[5] 郑成思. 著作权法（上）[M]. 北京：中国人民大学出版社，2009.

[6] 刘春田. 知识产权法 [M]. 4版. 北京：中国人民大学出版社，2009.

[7] 吴汉东. 著作权合理使用制度研究 [M]. 北京：中国政法大学出版社，2005.

[8] 吴汉东. 知识产权基本问题研究：总论 [M]. 2版. 北京：中国人民大学出版社，2009.

[9] 李明德，徐超. 著作权法 [M]. 北京：法律出版社，2003.

[10] 李顺德，黄辉，闫文军. 欧盟知识产权法 [M]. 北京：法律出版社，2010.

[11] 冯晓青. 著作权法 [M]. 北京：法律出版社，2010.

[12] 费安玲. 著作权权利体系之研究：以原始性利益人为主线的理论探讨 [M]. 武汉：华中科技大学出版社，2011.

[13] 金海军. 知识产权私权论 [M]. 北京：中国人民大学出版社，2004.

[14] 薛虹. 网络时代的知识产权法 [M]. 北京：法律出版社，2000.

[15] 蔡惠如. 著作权之未来展望：论合理使用之价值创新 [M]. 台北：元照出版公司，2007.

[16] 刘晓海. 德国知识产权理论与经典判例研究 [M]. 北京：知识产权出版社，2013.

[17] 朱慧. 激励与接入：版权制度的经济学研究 [M]. 杭州：浙江大学出版社，2009.

[18] 韦景竹. 版权制度中的公共利益研究 [M]. 广州：中山大学出版社，2011.

[19] 王清．著作权限制制度比较研究［M］．北京：人民出版社，2007.
[20] 卢海君．版权客体论［M］．北京：知识产权出版社，2011.
[21] 张今．著作权法中私人复制问题研究：从印刷机到互联网［M］．北京：中国政法大学出版社，2009.
[22] 李雨峰．枪口下的法律：中国版权史研究［M］．北京：知识产权出版社，2006.
[23] 胡朝阳．知识产权的正当性分析：法理和人权法的视角［M］．北京：人民出版社，2007.
[24] 李建伟．创新与平衡：知识产权滥用的反垄断法规则［M］．北京：中国经济出版社，2008.
[25] 陈明涛．网络服务提供商版权责任研究［M］．北京：知识产权出版社，2011.
[26] 易建雄．技术发展与版权扩张［M］．北京：法律出版社，2009.
[27] 衣淑玲．国际人权法视角下《TRIPS 协定》的变革研究［M］．厦门：厦门大学出版社，2010.
[28] 冯军，黄宝忠．版权保护法制的完善与发展：基于欧盟经验与中国实践的视角［M］．北京：社会科学文献出版社，2008.
[29] 张今，卢亮．合理使用实案调查与分析［M］//吴汉东．知识产权年刊（2008）．北京：北京大学出版社，2009：171.
[30] 吕世伦，张学超．论西方自然法的几个基本问题［M］//西方法律思想史研究会．自然法：古典与现代．北京：中国法制出版社，2007.
[31] 美国著作权法［M］．孙新强，于改之，译．北京：中国人民大学出版社，2002.
[32] 卢梭．社会契约论［M］．何兆武，译．北京：商务印书馆，2009.
[33] 费尔南·布罗代尔．15～18 世纪的物质文明、经济和资本主义［M］．顾良，施康强，译．北京：三联书店，2002.
[34] 费里德里希·冯．哈耶克文选［M］．冯克利，译．南京：江苏人民出版社，2006.
[35] 罗素．人类的知识：其范围与限度［M］．张金言，译．北京：商务印书馆，1983.
[36] 丹宁勋爵．法律的界碑［M］．刘庸安，张弘，译．北京：法律出版社，2000.
[37] 约翰·B. 汤普森．意识形态与现代文化［M］．高铦，译．南京：译

林出版社，2005.
[38] 卡尔·波普尔. 客观知识：一个进化论的研究 [M]. 舒炜光，卓如飞，周柏乔，曾聪明，等译. 上海：上海译文出版社，2001.
[39] 约翰·菲尼斯. 自然法与自然权利 [M]. 董娇娇，杨奕，梁晓辉，译. 北京：中国政法大学出版社，2005.
[40] 卡米纳. 欧盟电影版权 [M]. 籍之伟，俞剑红，林晓霞，译. 北京：中国电影出版社，2006.
[41] 约翰·斯道雷. 文化理论与大众文化导论 [M]. 5版. 常江，译. 北京：北京大学出版社，2010.
[42] 特雷·伊格尔顿. 二十世纪西方文学理论 [M]. 伍晓明，译. 北京：北京大学出版社，2007.
[43] 半天正夫，纹谷畅南. 著作权法50讲 [M]. 魏启学，译. 北京：法律出版社，1990.
[44] 田村善之. 日本知识产权法 [M]. 周超，李雨峰，李希同，译. 北京：知识产权出版社，2011.
[45] 登特列夫. 自然法：法律哲学导论 [M]. 李日章，等译. 北京：新星出版社，2008.
[46] 彼得·德霍斯. 知识产权法哲学 [M]. 周林，译. 北京：商务印书馆，2008.
[47] 约翰·哈特利. 创意产业读本 [M]. 曹书乐，包建女，李慧，译. 北京：清华大学出版社，2007.
[48] 本雅明. 机械复制时代的艺术作品 [M]. 胡不适，译. 杭州：浙江文艺出版社，2005.
[49] 曼弗雷德·沃尔夫. 物权法 [M]. 吴越，李大雪，译. 北京：法律出版社，2002.
[50] 雷炳德. 著作权法 [M]. 张恩民，译. 北京：法律出版社，2005.
[51] 阿图尔·考夫曼，温弗里德·哈斯默尔. 当代法哲学和法律理论导论 [M]. 郑永流，译. 北京：法律出版社，2002.
[52] 约格·莱因伯特，西尔克·冯·莱温斯基. WIPO因特网条约评注 [M]. 万勇，相靖，译. 北京：中国人民大学出版社，2008.
[53] 阿尔维托·曼古埃尔. 阅读史 [M]. 吴昌杰，译. 北京：商务印书馆，2002.
[54] 迈克尔·盖斯特. 为了公共利益：加拿大著作权法的未来 [M]. 李静，

译. 北京：知识产权出版社，2008.

[55] 威廉·M. 兰德斯，理查德·A. 波斯纳. 知识产权法的经济结构[M]. 金海军，译. 北京：北京大学出版社，2005.

[56] 威廉·W. 费舍尔. 说话算数：技术、法律以及娱乐的未来［M］. 上海：上海三联出版社 2008.

[57] 阿尔弗雷德·D. 钱德勒，詹姆斯·W. 科塔达. 信息改变了美国：驱动国家转型的力量［M］. 万岩，邱艳娟，译. 上海：上海远东出版社，2008.

[58] 史蒂芬·霍尔姆斯，凯斯·R. 桑斯坦. 权利的成本：为什么自由依赖于税［M］. 毕竞悦，译. 北京：北京大学出版社，2011.

[59] 阿尔伯特·爱因斯坦. 爱因斯坦文集［M］. 许良英，李宝恒，赵中立，译. 北京：商务印书馆，2009.

[60] 迈克尔·E. 罗洛夫. 人际传播：社会交换论［M］. 王江龙，译. 上海：上海译文出版社，1991.

[61] 彼得·M. 布劳. 社会生活中的交换与权力［M］. 李国武，译. 北京：商务印书馆，2008.

[62] 约纳森·罗森诺. 网络法：关于因特网的法律［M］. 张皋彤，等译. 北京：中国政法大学出版社，2003.

[63] 阿尔弗雷德·D. 钱德勒，詹姆斯·V. 科塔达. 信息改变了美国－驱动国家转型的力量［M］. 万岩，邱艳娟，译. 上海：上海远东出版社，2008.

[64] 约翰·冈茨，杰克·罗切斯特. 数字时代，盗版无罪？［M］. 周晓琪，译. 北京：法律出版社，2008.

[65] 劳伦斯·莱斯格. 免费文化［M］. 王师，译. 北京：中信出版社，2009.

[66] 伊丽莎白·爱森斯坦. 作为变革动因的印刷机：早期近代欧洲的传播与文化变革［M］. 何道宽，译. 北京：北京大学出版社，2010.

[67] 约瑟夫·R. 多米尼克. 大众传播动力学：数字时代的媒介［M］. 7版. 蔡琪，译. 北京：中国人民大学出版社，2009.

[68] 马歇尔·菲尔普斯，戴维·克兰. 微软称霸全球的知识产权战略：烧掉舰船［M］. 古永亮，译. 北京：东方出版社，2010.

[69] 苏珊娜·斯科奇母. 创新与激励［M］. 刘勇，译. 上海：格致出版社/上海人民出版社，2010.

[70] 安守廉，梁治平译．知识产权还是思想控制：对中国古代法的文化透视［M］//刘春田．中国知识产权评论：第1卷．北京：商务印书馆，2002.

[71] 罗纳德·斯科．社会成本问题［J］．法律与经济学杂志，1960（3）.

[72] 徐鹏．论传播技术发展视野下的著作权合理使用制度［D/OL］．长春：吉林大学，2011.

[73] 余九仓．知识产权的工具论：读德拉贺斯的（一种知识产权哲学）［M］//刘春田．中国知识产权评论：第1卷．北京：商务印书馆，2002.

[74] 宋乐．网络快照服务的著作权问题研究［M］//张平．网络法律评论．北京：北京大学出版社，2009.

[75] 张明楷．新刑法与法益侵害说［J］．法学研究，2000（1）.

[76] 单晓光，刘晓海．德国联邦宪法法院关于宪法规定的艺术自由和著作权法规定的合理引用关系的判决［J］．知识产权研究，2004.

[77] 李雨峰．思想控制与权利保护［D/OL］．重庆：西南政法大学，2003.

[78] 孙山．未上升为权利的法益：合理使用的性质界定及立法建议［J］．知识产权，2010（3）.

[79] 冯晓青．著作权合理使用及其经济学分析［J］．甘肃政法学院学报，2007（04）.

[80] 董炳和．合理使用：著作权的例外还是使用者的权利［J］．法商研究，1998（3）.

[81] 熊琦．论著作权合理使用制度的适用范围［J］．科技与法律，2006（02）.

[82] 熊琦．著作权法定许可的正当性解构与制度替代［J］．知识产权，2011（6）.

[83] 卢海君．合理使用一般条款的猜想与证明：合理使用制度立法模式探讨［J］．政法论丛，2007，4（2）.

[84] 常林，冯杨勇．我国侵权责任免责事由的缺陷及完善［J］．中北大学学报：社会科学版，2006，22（4）.

[85] 杨和义．日本著作权法律的新变化及其特征［J］．海峡法学，2010（1）.

[86] 宋海燕．从各国著作权法的实践看中国法律中的合理使用：google 图

书馆计划案引发的思考［J］. 中国版权，2011（01）.

［87］冯晓青，魏衍亮. 两种复制权的现代冲突、制度选择及其法哲学基础［M］//北大知识产权评论：第2卷. 北京：法律出版社，2004.

［88］陶鑫良. 网上传播国内一般作品应当适用“法定许可”［J］. 法学，2000（8）.

［89］陶鑫良. 网络时代知识产权保护的利益平衡思考［J］. 知识产权，1999（6）.

［90］王迁. 超越“红旗标准”：评首例互联网电视著作权侵权案［J］. 中国版权，2011（6）.

［91］于定明，杨静. 论著作权法定许可使用制度的保障措施［J］. 云南大学学报法学版，2007（5）.

［92］李永明，曹兴龙. 中美著作权法定许可制度比较研究［J］. 浙江大学学报：人文社会科学版，2005（4）.

［93］吴汉东. 著作权作品合理使用的宪法问题研究［J］. 法制与社会发展，1996（4）.

［94］郭立颖. 从“互文性”谈滑稽模仿在20世纪西方文坛的发展［J］. 解放军外国语学院学报，2003，26（5）.

［95］马淑伟. 现代音乐中的滑稽模仿［J］. 贵州大学学报：艺术版，2005，19（4）.

［96］李琛. 发表还是销毁［J］. 电子知识产权，2004（10）.

［97］宋慧献，周艳敏. 因应时代的著作权管理制度的革新：日本《著作权与邻接权管理事务法》评介［J］. 知识产权，2002（05）.

［98］宋廷徽.“三振出局”法案全球化路径之探讨［J］. 知识产权，2010，20（116）.

英文文献

［1］Kozinski A, Newman C. What's So Fair about Fair Use［J］. J. Copyright Society USA, 1998, 46: 513.

［2］DEPOORTER B, PARISI F. Fair use and copyright protection: a price theory explanation［J］. International Review of Law and Economics, 2002, 21 (4): 453 – 473.

［3］CHRISTENSEN C, RAYNOR M. The innovator's solution: Creating and sustaining successful growth［M］. Harvard Business Review Press, 2013.

［4］PARCHOMOVSKY G, WEISER P J. Beyond Fair Use［J］. Cornell L.

Rev. , 2010, 96: 91.

[5] D'AGOSTINO G. Healing Fair Dealing – A Comparative Copyright Analysis of Canada's Fair Dealing to UK Fair Dealing and US Fair Use [J]. McGill Lj, 2008, 53: 309.

[6] THERIEN J R. Exorcising the specter of a pay – per – use society: Toward preserving fair use and the public domain in the digital age [J]. Berk. Tech. LJ, 2001, 16: 979.

[7] COHEN J E. The place of the user in copyright law [J]. Fordham L. Rev. , 2005, 74: 347.

[8] PATTERSON L. Free speech, copyright, and fair use [J]. Vand. L. Rev. , 1987, 40: 1.

[9] ROSE M. Authors and owners: The invention of copyright [M]. Harvard University Press, 1993.

[10] BUNKER M D. Eroding Fair Use: The" Transformative" Use Doctrine After Campbell [J]. Communication Law & Policy, 2002, 7 (1): 1 –24.

[11] DEZWART M J. An historical analysis of the birth of fair dealing and fair use: lessons for the digital age [J]. 2007.

[12] MAGGS P B. The balance of copyright in the United States of America [J]. The American Journal of Comparative Law, 2010, 58 (suppl_ 1): 369 –376.

[13] TUSHNET R. Copy this essay: How fair use doctrine harms free speech and how copying serves it [J]. Yale Lj, 2004, 114: 535.

[14] POSNER R A. When is parody fair use? [J]. The Journal of Legal Studies, 1992, 21 (1): 67 –78.

[15] PELTZ R J. Global Warming Trend – The Creeping Indulgence of Fair Use in International Copyright Law [J]. Tex. Intell. Prop. LJ, 2008, 17: 267.

[16] ROGERS T, SZAMOSSZEGI A. Economic contribution of industries relying on fair use [J]. Economico, Washington DC: Computer & Communication Industry Association, 2007.

[17] ARMSTRONG T K. Digital rights management and the process of fair use [J]. Harv. JL & Tech. , 2006, 20: 49.

[18] PATRY W F. The fair use privilege in copyright law [M]. Bna

Books, 1985.

[19] HENSLEE W. You can't always get what you want, but if you try sometimes you can steal it and call it fair use: A proposal to abolish the fair use defense for music [J]. Cath. UL Rev., 2008, 58: 663.

[20] FISHER III W W. Reconstructing the fair use doctrine [J]. Harv. L. Rev., 1987, 101: 1659.

[21] GORDON W J. Fair use as market failure: A structural and economic analysis of the Betamax case and its predecessors [J]. J. Copyright Society USA, 1982, 30: 253.

[22] ROSE M. Authors and owners: The invention of copyright [M]. Harvard University Press, 1993.

[23] REVIEW F L. Parody and the Law of Copyright [J]. Fordham Law Review, 1961 (3).